A LÍNGUA DE TRUMP

Título original *La langue de Trump*
© 2019 Éditions les Arènes, Paris
© Editora Âyiné, 2020
Todos os direitos reservados

Tradução Ana Martini

Preparação Érika Nogueira Vieira

Revisão Andrea Stahel, Juliana Amato

Imagem da capa Julia Geiser

Projeto gráfico Renata de Oliveira Sampaio

ISBN: 978-85-92649-75-3

Editora Âyiné
Belo Horizonte · Veneza

Direção editorial Pedro Fonseca

Assistência editorial Érika Nogueira Vieira, Luísa Rabello

Produção editorial André Bezamat, Rita Davis

Conselho editorial Simone Cristoforetti, Zuane Fabbris

....

Praça Carlos Chagas, 49 – 2º andar
30170-140 Belo Horizonte – MG
+55 31 3291-4164
www.ayine.com.br
info@ayine.com.br

Âyiné

A língua de Trump
Bérengère Viennot

Tradução de Ana Martini

11	Ressaca
13	Atreva-se a traduzir Trump
23	A entrevista que mata
33	A medida do tabefe
37	Então a merda
41	A verdade se eu mentir
47	Melania
53	Gorjeio
59	Distopia
63	O ponto Godwin
73	Os inimigos do povo
81	Eu leio trechos
91	Cabeçudo?
101	A farsa chinesa
109	Eu, engraçado e malvado
115	E Deus, no meio disso tudo
121	O que ele não diz
127	Para acabar com Donald Trump
139	Agradecimentos

Para Bonnie e Joshua

É uma grande lástima não ter inteligência suficiente para falar bem, nem bom senso suficiente para se calar.
Jean de La Bruyère

I know the best words.
Donald J. Trump

Ressaca

Para os milhões de americanos que, antes de novembro de 2016, não acreditavam nem por um instante que um bilionário narcisista, sexista, racista e inculto poderia chegar ao poder supremo e ocupar a mesma cadeira que George Washington, Abraham Lincoln ou Theodore Roosevelt, essa é a ressaca mais longa da história da humanidade.

Nos Estados Unidos e no resto do mundo, muitos sofreram um golpe psicológico de violência inesperada. Tradutora de textos jornalísticos, no dia 8 de novembro de 2016 eu estava preparada para ficar acordada até tarde caso uma última tradução pré-eleitoral aparecesse antes do anúncio dos resultados, previsto para as primeiras horas da manhã. Se a dúvida tinha se insinuado ao longo das semanas que precederam o dia D, eu estava bem confiante: a eleição de Trump não era concebível. Não só porque ele não tinha competência, ou porque, pessoalmente, eu não queria, não apenas porque a ideia de uma mulher tornar-se presidente dos Estados Unidos, logo após um presidente negro, me seduzia muito, mas simplesmente porque a ideia era totalmente, absolutamente, decididamente ridícula.

Às duas horas da manhã, quando fui deitar, dois estados haviam divulgado seus primeiros resultados: o Kentucky anunciava 72,7% dos votos a favor de Donald Trump, e Indiana, 69,3%. Disse a mim mesma que tudo bem, Indiana é um bastião republicano de longa data, e o Kentucky vem se inclinando à direita desde o início dos anos 2000. Hillary vai conquistar a vitória com unhas e dentes, mas o resultado da disputa é necessariamente definido com antecedência.

O despertar foi amargo.

Para a tradutora que sou, esse acontecimento foi um transtorno. Em nível pessoal, porque tenho dificuldade de apreciar o personagem (e ainda mais dificuldade de escondê-lo, como veremos) e porque me interesso o suficiente por política internacional para vislumbrar o potencial catastrófico de sua chegada ao poder. Em nível profissional, porque ele me obrigou, com uma violência repentina, a rever minha forma de trabalhar, e me expulsou brutalmente da zona de conforto na qual eu me refestelava desde a eleição de Barack Obama em novembro de 2008, sem que, contudo, esse transtorno acarretasse o menor aprimoramento do meu ofício. Pois, à imagem dessa estranha presidência vinda do mundo dos reality shows, da ostentação absoluta e do egoísmo fanático, a língua de Trump, matéria-prima do meu trabalho, revelou-se pertencer a um universo à parte, ao mesmo tempo causa e efeito do advento de uma nova América.

Atreva-se a traduzir Trump

Meu trabalho como tradutora me conduz pelo cenário das notícias internacionais e, de acordo com as demandas de meus clientes, me leva a traduzir todo tipo de textos provenientes das reviravoltas políticas que vêm abalando o planeta desde o início dos anos 2000. É uma atividade tão fascinante quanto pouco rentável, o que me coloca na categoria de «pessoas com vocação». Quase artistas. Aqueles que amam tanto o que fazem que, em última análise, aceitam a transparência e a ingratidão social e financeira que acompanham suas atividades.

A tradutora (há homens que fazem esse trabalho, eu sei, mas eles que escrevam seus livros) é invisível por natureza. Sua função consiste em transpor uma mensagem de um idioma (por acaso: inglês) a outro (digamos, o francês). E aqui me compadeço de todos os tradutores que precisarão traduzir este livro em uzbeque, servo-croata ou náuatle. Eu sei que vocês existem.

Ao contrário de algumas ideias preconcebidas que todos os meus colegas enfrentam ao longo da carreira, a tradução não se resume a traduzir palavras, e ela não pode ser realizada por todas as pessoas. Não basta falar duas línguas para saber traduzir, nem ter um bom dicionário, nem ter sido o melhor aluno no curso de língua estrangeira da faculdade, nem conhecer muito bem o filho da senhora que faz faxina no British Council.

Traduzir é fazer com que uma *mensagem* seja transmitida de um idioma a outro. Isso requer várias etapas, das quais nenhuma é supérflua. Antes de mais nada, é preciso compreender o texto de origem. Isso parece bastante evidente? No entanto, não é tão simples assim: para entender um texto ou um discurso, não basta conhecer cada uma das palavras que o constituem. Um texto é muito mais do que a soma de seus elementos semânticos. (Ademais, a torradeira que batuca o molusco sedutor não enfraquecerá os ossos da bicicleta da minha tia. Todas as palavras dessa frase são conhecidas e, ainda assim, seu significado lhe escapa. Eu lhe asseguro: a mim também. Palavras, palavras, palavras…)

Para que um texto exista, é necessário, acima de tudo, que ele tenha um sentido, um referente, uma mensagem a transmitir. Caso contrário, trata-se apenas de uma lista de palavras – o que é perfeitamente traduzível, aliás, mas cujo interesse semântico é sujeito a aval (com a exceção especial de Prévert). Traduzir listas pode se revelar útil em áreas técnicas, ao descrever elementos de uma máquina-ferramenta ou para fazer inventários. No contexto da tradução política, que é o que nos interessa aqui, busca-se reconstituir um discurso humano coerente que sustente uma mensagem a ser transmitida.

Outra condição necessária para traduzir um texto ou um discurso: conhecer razoavelmente a língua de seu autor, sua cultura, sua trajetória, em suma, saber quem ele é e possuir o repertório mais completo possível sobre o emissor. Por quê? Devido a um conceito elevado ao status de palavra mágica pela comunidade de tradutores, sem o qual não somos nada: o *contexto*. Da mesma forma que uma pessoa é influenciada e moldada pelo ambiente em que se desenvolve, uma palavra, uma frase, um discurso inteiro só têm sentido quando relacionados ao seu contexto. Pois, conforme seja proferida por um bilionário americano que alcançou o cargo supremo ou, digamos, por um professor de ginástica ou pelo seu fisioterapeuta, a mesma frase terá um significado totalmente diferente.

Traduzir é querer despertar em sua língua (porque um bom tradutor traduz para a sua língua materna) as sensações intelectuais e afetivas que o leitor do original experimentou. As duas culturas, a da língua de partida e a da língua de chegada, são inevitavelmente diferentes. A mesma palavra nem sempre representa as mesmas realidades de um idioma para outro, mesmo quando ela parece ser de todo simples e livre de qualquer ambiguidade. (Exemplo: diga *fromage* a um francês, ele vai imaginar um camembert – ou um comté, vá lá. O conceito assumirá uma familiaridade diária, profundamente enraizada em sua história. Diga *cheese* a um americano, ele verá um alimento industrial sob papel celofane que não lhe causará as mesmas sensações ou a mesma imagem – quanto ao cheiro, não vamos sequer comentar. O mesmo ocorre com *pomodoro/tomato* na correspondência Itália/Inglaterra, digamos, mas também com exemplos não comestíveis: «universidade», uma palavra fácil de traduzir, traduz-se por *university* na Grã-Bretanha e por *college* nos Estados Unidos, mas engloba realidades muito diferentes etc.) No entanto, na maioria dos casos, é possível encontrar equivalências de significado que vão além da forma e da aparência das palavras. Esse trabalho de reformulação tem como objetivo reproduzir a mensagem o mais fielmente possível, levando em consideração todos os elementos que acabei de enunciar. Esse é o trabalho da tradutora...

Tomemos um exemplo. Em 14 de julho de 2017, Donald Trump, em visita a Paris por ocasião da festa nacional francesa, encontrou a primeira-dama da França, Brigitte Macron, e exclamou: «*You're in such good shape!*». Em seguida, virou-se para o presidente francês e repetiu: «*She's in such good physical shape!*». Por fim, ele se voltou para a sra. Macron e concluiu com um magistral: «*Beautiful*».

«*You're in such good shape*», como muitos meios de comunicação franceses traduziram, pode significar «Você está em ótima forma!». Palavra por palavra, é praticamente isso. E é assim que poderíamos traduzi-las se essas palavras fossem ditas por outra pessoa, em outro contexto: um fisioterapeuta para seu paciente, um professor de ginástica que elogia seu aluno, um genro para a sogra – enfim, não faltam possibilidades.

Nesse caso, por outro lado, não se deve traduzir «*You're in such good shape*» por «Você está em ótima forma». Porque, quando se leva em consideração o contexto, o momento e a personalidade do emissor, isto é, o fato de ele ser um homem abertamente sexista que se orgulha de agarrar mulheres pela boceta, que as despreza a ponto de insinuar que o comportamento hostil de uma jornalista devia-se à sua menstruação, que é capaz de menosprezar uma adversária republicana por considerá-la feia,[1] que exigiu que sua mulher recuperasse o corpo anterior à gravidez como condição para concordar em ter um filho, enfim, quando conhecemos o homem e seu machismo incrustado, somos obrigados a levá-lo em conta, e qualquer tradução literal se torna impossível.

Outro parâmetro fundamental: a pessoa a quem o presidente americano se dirige. Ele não esconde sua preferência por mulheres jovens e bonitas, a ponto de ele mesmo ter chegado a declarar que, se Ivanka Trump não fosse sua filha, sairia com ela (sim, eca). É um daqueles homens (e mulheres) que acreditam que uma mulher só pode ser bonita enquanto for jovem. Além de um certo limite, ela perece e, atingida pela invisibilidade, não se enquadra mais na categoria das desejáveis.

No entanto, a sra. Macron já havia passado dos sessenta anos quando despertou a admiração estupefata de Donald Trump. Uma

---

[1] «Olhem a cara dela. Quem é que votaria a favor disso? Dá para imaginar um negócio desses, a cara do nosso próximo presidente?», ele falou a respeito de Carly Fiorina, republicana que disputou a indicação presidencial. Paul Solotaroff, «Trump Seriously: On the Trail With the GOP's Tough Guy», *Rolling Stone*, 9 de setembro de 2015.

senhora de idade que ainda se parece com uma mulher é uma loucura! Isso deve ter abalado uma certeza firmemente arraigada na cabeça do presidente americano (e, no entanto, tudo leva a crer que ele não se deixa abalar tão facilmente).

Dessa forma, levando em conta tanto aquele que fala quanto o objeto de seu discurso, podemos traduzir esse «*You're in such good shape*» apenas por algo como: «Como você está bem conservada!» ou «Mas você ainda não está nada mal!». Por mais chocante que possa parecer, ainda assim é a única maneira de ser fiel à mensagem explícita e também a todo o implícito por trás do que talvez fosse, aos seus olhos, um elogio, mas que na realidade é uma verdadeira grosseria.

Portanto, é necessário ter um bom conhecimento do contexto para traduzir bem em geral, e para traduzir bem Donald Trump em particular. Mas não basta! Também devemos nos *atrever* a traduzi-lo. O que nem sempre é óbvio para aqueles que têm de fazê-lo sem que este seja o seu trabalho (digamos, aleatoriamente, os jornalistas), e que, se em geral são perfeitamente capazes de reproduzir no próprio idioma textos, fragmentos ou declarações simples, metem os pés pelas mãos com facilidade quando o nível de dificuldade aumenta um pouco, como nesse caso. Novamente, não porque o vocabulário ou a estrutura sintática apresentem dificuldades, mas porque a tradução requer o que chamamos de «desverbalização», um tipo de desencarnação da mensagem, e a reprodução em outro idioma deve ser acompanhada de uma adaptação cultural.[2]

Outro exemplo dessa dificuldade, evidenciado durante uma intervenção de Donald Trump: em um dos ataques de xenofobia que ele tem como ninguém, o presidente americano explicou, durante um briefing no Salão Oval, que estava de saco cheio de ver imigrantes vindos de «*shithole countries*». Ele se referia aos países da África, ao Haiti e a El Salvador. «*Why are we having all these people from shithole countries come here?*», perguntou ele, antes de acrescentar que preferiria que os Estados Unidos favorecessem imigrantes de países como a Noruega. «Por que deixamos que todas essas pessoas vindas de países de merda entrem aqui?»

Se o sentido da observação não criou problema para ninguém, a tradução da palavra «*shithole*» pelos meios de comunicação variou bastante. O jornal *Libération*, em 12 de janeiro de 2018, optou pela expressão «*trou à rats*» [espelunca], por exemplo.[3] O que parece um pouco leve se comparado aos «países de merda» (*Le Monde*), «países de latrina» (mídia

....

2 Deve ficar claro que trato aqui da tradução de notícias e de imprensa. Existem muitas especialidades no campo da tradução, e as regras que se aplicam à tradução de notícias e discursos políticos não são necessariamente válidas em outras áreas, como tradução técnica, literária ou jurídica.

3 «Donald Trump: ‹Pourquoi est-ce que toutes les personnes issues de trous à rat viennent ici?›», *Libération*, 12 de janeiro de 2018.

grega, segundo a AFP) e outros «*países de mierda*» da imprensa espanhola. Atrever-se a traduzir Donald Trump não é tão simples como poderia sugerir a pobreza e, às vezes, a grosseria do seu vocabulário.

Para tradutores acostumados a traduzir os discursos fluentes e sintaticamente impecáveis de seu antecessor, o discurso de Trump logo se provou arriscado. O que é muito paradoxal, porque quando se lê ou se ouve Donald Trump, mesmo quando não se é tão bom em inglês, tem-se a impressão de entender tudo. O vocabulário é supersimples, as frases em geral são curtas – até truncadas – e a sintaxe, hum, como descrever a sintaxe? Bem, isso depende do dia. Mas digamos que, em um contexto tradicional, que seria, por exemplo, um discurso de campanha ou uma entrevista, a sintaxe de Donald Trump alterna entre a extrema simplicidade e o total absurdo.

Não defendo que exista apenas uma tradução válida para cada texto, declaração ou discurso político. Existem inúmeras maneiras de dizer a mesma coisa e permanecer fiel ao original. Por outro lado, para reproduzi-lo, é importante levar em consideração o contexto e o registro do idioma e respeitar os códigos em vigor. Isso não apresenta nenhuma dificuldade particular uma vez que se adquire o hábito e após alguns anos de prática.

Assim que Donald Trump surgiu no cenário político internacional, os profissionais responsáveis por traduzir seu discurso precisaram de um momento de adaptação. Esse homem que afirma ser antissistema de fato rompeu com todos os códigos políticos em vigor até então: com sua eleição, do ponto de vista social, moral e da comunicação, a América mudou de universo. Forçado a se adaptar, o pequeno mundo da tradução também precisou encontrar um novo espaço de trabalho.

A entrevista que mata

Assim como açougueiros e padeiros (tem um pouco a mais, embrulho assim mesmo?), professores (não é para mim que eu dou aulas, não estou nem aí, já tenho o meu diploma) e atores premiados (gostaria de agradecer, antes de mais nada, à minha mãe), tanto na forma quanto no conteúdo, as mulheres e os homens políticos ocidentais utilizam um discurso que obedece a certos códigos, até mesmo a certos clichês. Existem critérios tácitos, respeitados por todos na medida da personalidade e da tendência política de cada um.

Acima de tudo, todos os políticos querem ser ouvidos: a forma de seu discurso é uma ferramenta de persuasão no mínimo tão importante quanto o conteúdo. Durante a campanha eleitoral, eles buscam consolidar sua base e convencer o maior número de eleitores indecisos. A ideia é se apresentar da melhor maneira possível, trata-se de ser cortês e de respeitar os códigos da vida em sociedade; aqueles que nos incitam a dizer bom-dia para a senhora, a não sinalizar ao vovô que ele está com um bafo de onça nem estigmatizar publicamente os mais fracos. Para uma mulher ou um homem político, isso se traduz em uma atitude suave e educada e um registro equivalente do idioma. Falar bem em público é essencial para transmitir uma imagem de credibilidade e seriedade, mesmo que isso não o isente de vez em quando de arriscar uma brincadeira bem calibrada que tenha a função (calculada) de «humanizar» o emissor.

Quando eu era estudante no curso de tradução, um dos professores contou uma anedota para ilustrar a importância do papel do intérprete e a necessidade de se adaptar ao registro da língua de partida. Nos anos 1980, Georges Marchais, então secretário-geral do Partido Comunista Francês, fazia viagens frequentes à União Soviética, onde tinha inúmeras oportunidades de tomar a palavra. Como não falava russo, ele se valia dos serviços de um intérprete. No entanto, este último falava um idioma alinhado e lançava mão de um registro tão formal que o político francês gozava ali de uma reputação de excelente orador, que estava bem longe de refletir a realidade do personagem e da imagem que faziam dele, na França, aqueles que o ouviam em versão original.

Nunca soube se essa anedota era verdadeira, mas me marcou tanto que vinte anos depois ela retorna à minha cabeça de repente no momento em que me deparo com a tradução do discurso de Donald Trump. Pois o registro que o tradutor escolherá para traduzir um discurso fornece a primeira indicação do conteúdo global da mensagem.

No que diz respeito ao conteúdo, existem também padrões, igualmente tácitos, aos quais a maioria dos políticos subscreve. Nos Estados Unidos é habitual, por exemplo, que o vencedor das eleições presidenciais estenda a mão a seu antecessor e reconheça, mesmo que laconicamente, seus méritos durante o discurso de posse em Washington. «Agradeço ao presidente Bush por seus serviços à nação» (Obama, 2009), «Agradeço ao presidente Clinton por seus serviços à nação e ao vice-presidente Gore pela luta travada com coragem e concluída com graça» (George W. Bush, 2000), «Em nome de nossa nação, cumprimento meu antecessor, o presidente Bush, por seu meio século de serviços à América» (Bill Clinton, 1993). Não é necessário remontar a John Adams para entender que é costume que o novo presidente agradeça ao seu antecessor pelos serviços prestados ao país antes de passar ao que interessa. No caso de Trump, ele prescindiu da tarefa, e se contentou em agradecer a Obama por sua ajuda durante o período de transição de poderes (em outras palavras, ele lhe agradeceu a título *pessoal*, mesmo que tivesse se recusado a receber e a ler os briefings diários dos serviços de informação durante todo o período de transição. No entanto, Obama o advertiu de que ele arriscaria um «voo às cegas» se não tomasse conhecimento). «E somos gratos ao presidente Obama e à primeira-dama Michelle Obama por sua graciosa ajuda durante essa transição. Eles foram magníficos. Obrigado.» Porque, dos oito anos anteriores de trabalho, você sempre poderá prescindir. No mesmo discurso, ele ainda criticou «o pequeno grupo na capital de nossa nação que colheu as recompensas do governo enquanto o povo assumiu os custos», aqueles cujas «vitórias não foram as suas vitórias. O triunfo dele não foi o de vocês». Não foi exatamente a melhor escolha para o espírito de conciliação de um início de mandato. Dessa forma, Trump indicou, desde o princípio, o tom de sua postura: ele não se curvaria aos costumes formais da presidência.

O 45º presidente americano irrompeu no cenário tranquilo do discurso político como um elefante em uma loja de porcelana. Durante as primeiras intervenções de Donald Trump, os tradutores se puseram logo a arrancar os cabelos: tanto na escala da frase quanto na do discurso, os elementos que compõem sua linguagem pareciam com frequência incompletos e às vezes desprovidos de sentido. Como se iniciasse um discurso mentalmente e só começasse a articulá-lo oralmente bem no meio de seu raciocínio. O que dá a impressão, para quem o escuta ou traduz, de ter diante de si um emissor que lança palavras e ideias para todos os lados, sem um fio condutor. Quando analisados em termos de unidades semânticas individuais ou pequenos grupos de palavras, certos segmentos parecem fazer sentido, mas a ideia geral, no nível da frase, é difícil de entender. O único elemento recorrente que o auditório de Trump sempre encontrará, seja qual for o assunto abordado pelo presidente americano, seja qual for o contexto e o pretexto da intervenção, será... ele mesmo.

Do ponto de vista linguístico, o primeiro grande choque aconteceu ao final de novembro de 2016, na entrevista que Trump deu ao *New York Times*, jornal com o qual mantém relações tempestuosas. Foi a primeira entrevista oficial após sua eleição, algumas semanas antes de assumir o cargo. Basta dizer que ela era esperada;

finalmente iríamos ver e ouvir não mais o candidato, mas o futuro presidente, a quem a eleição para o cargo mais alto do país sem dúvida conferiria nova dignidade. De fato, já não haveria necessidade de demonstrar hostilidade ou convencimento: a batalha estava vencida, podiam-se abordar questões fundamentais.

À guisa de introdução à entrevista, Trump fala sobre sua vitória, sobre o número de comícios diários, sobre a «ótima qualidade» das pessoas que está prestes a nomear («*the quality of the people is very good*», um pouco como o quilo de batatas), apresenta números de participantes em seus comícios («*we had great numbers*», ou tivemos números fantásticos). Explica que nunca foi fã do colégio eleitoral, mas agora sim, por duas razões, e revela apenas uma: «Ele permite ver estados que nunca seriam vistos de outra forma». A segunda razão nunca será mencionada (seria porque, sem o sistema de colégio eleitoral, ele teria sofrido uma derrota amarga?). Acrescenta que gostaria muito que jornais como o *New York Times* fossem mais amistosos em relação a ele («gostaria de fazê-lo mudar de ideia», pois «acho que isso facilitaria muito meu trabalho», o que indica sua concepção muito pessoal do papel da imprensa e antevê suas relações futuras), antes de responder às perguntas dos jornalistas. E aqui adentramos um universo linguístico de dimensões desconhecidas.

Entre dois solilóquios de Trump, sobre o amor que «as pessoas» têm por ele e as enormes multidões que lotam seus comícios, Carolyn Ryan pergunta se seus eleitores ficarão decepcionados por ele não processar Hillary Clinton. Ele diz que não, que é hora de seguir em frente e não mais dividir o país. E de repente parece enguiçar:

> Faço isso [não atacar Clinton] porque é hora de tomar uma direção diferente. Houve muito sofrimento, e acho que as pessoas que me apoiaram com tanto entusiasmo, quando foram capazes de aparecer à uma da manhã para ouvir um discurso. Era o dia das eleições, elas apareceram, então era o dia das eleições. Sim, acho que elas entenderiam completamente.

Aqui, a exemplo do jornalista que, na edição de 20 de fevereiro de 2017 do jornal *Le Monde*, julgou necessário esclarecer: «Os erros de sintaxe foram preservados intencionalmente», devo dizer que me esforcei ao máximo para permanecer fiel às palavras originais, e que não sou responsável pelas imprecisões.[1]

Cada segmento dessa passagem é compreensível. No entanto, considerada como um todo, sua sentença, além de ser falha do ponto

---

1 Deve-se apontar que a citação no *Le Monde* suscitava muitos mal-entendidos, e destoava bastante em meio às notícias apuradas do dia a dia. A ver, por exemplo: «Uma nova pesquisa da Rasmussen – na verdade porque as pessoas compreendem – a maioria dos meios de comunicação não compreende. De fato, eles compreendem, mas não comunicam. Digamos assim. Mas uma nova pesquisa da Rasmussen acaba de ser publicada e determina nossa taxa de aprovação em 55%, em ascensão».

de vista sintático, não é... exatamente clara, pode-se dizer pudicamente. Se utilizarmos uma técnica de tradução tradicional (e aqui me sinto tentada a dizer «normal»), e tentarmos reproduzir a mensagem contida nessa frase, o cérebro com certeza dará um nó. Como é prática habitual quando um texto que deveria ser para o grande público revela-se um pouco obscuro demais, o tradutor poderia ceder à tentação de «contextualizar» sua tradução, ou seja, desenvolver certos elementos para simplificar a leitura, de maneira explícita ou lapidando-o discretamente, para conferir maior precisão, uma ideia já evocada sem modificar a mensagem original ou adicionar algo a ela.

No caso presente, está fora de questão corrigir a situação para tornar a frase mais compreensível. Não que isso seja impossível de fazer, porque, ao se apoiar bem no texto, quase podemos recuperar a linha de pensamento do emissor e entender por que ele sustenta esse discurso confuso; mas, para descomplicar seu conteúdo, seria necessário tanto trabalho que, no fim das contas, a declaração obtida seria muito distante da original. Com Trump, a forma truncada e as aparentes crises de elucubrações fazem parte do personagem a tal ponto que nos vemos obrigados a aderir, literalmente, à forma do texto original, caso contrário a tradução já não seria fiel. Normalmente, acontece de o tradutor excluir alguma repetição, quando ela é acidental, e corrigir um erro de sintaxe aqui ou ali, quando é isolado e não altera a mensagem. No entanto, no caso do discurso de Trump, as retificações sintáticas ou formais representariam uma obra tão gigantesca que já não seria tradução, mas reescrita. E, como a maneira de falar é tão importante quanto o conteúdo da mensagem (quando há mensagem), porque é também um reflexo da personalidade e da reflexão do emissor, com um discurso tão caricatural em suas dificuldades de expressão, nos vemos na obrigação de traduzir bem alguém que se expressa mal e, portanto, de produzir uma tradução que parece precária. Na realidade, ao suavizar seu discurso, aí sim o tradutor estaria pisando na bola.

Quando, em vinte anos de prática, trabalha-se para esculpir a linguagem e o pensamento na intenção de produzir traduções claras, qualquer que seja o nível de dificuldade do discurso, quando se ensina aos alunos de tradução como separar o joio do trigo estilístico e se insiste em exigir deles o conhecimento mais refinado possível do idioma, é bem frustrante. Manter-se sempre fiel à mensagem, não trair o pensamento do autor e produzir um texto sem furos, um pouco ao estilo de Boileau, segundo o qual «o que é bem concebido se enuncia claramente».[2] E então, puf, despenca Donald Trump, manda tudo às favas, e nos obriga a rever nossas técnicas de tradução do discurso político. Não que a exigência de rigor seja reduzida; mas, com ele, o rigor deve se aplicar no respeito à mediocridade estilística.

Essa entrevista é uma amostra bastante representativa dos discursos e das intervenções trumpianos posteriores. Sintaxe truncada,

---

2 Nicolas Boileau. *L'art poétique*, I, 153. [N.T.]

vocabulário muito simples e, acima de tudo, repetição infinita das mesmas palavras (encontramos na entrevista nada menos que 41 ocorrências da palavra *great*, sem dúvida o termo favorito de Trump, 25 vezes o verbo *win*, sete vezes *tremendous*, e a lista continua). Como se a mente de Donald Trump estivesse girando, num circuito fechado, no nível de seu vocabulário e, portanto, de seu pensamento.

Não apenas ele se repete, mas também seu vocabulário dá voltas em um campo lexical limitado, mergulhado em superlativos. O mais perturbador é que, mesmo que sejam palavras bastante simples, entre as primeiras que aprendemos para começar a nos virar em inglês, nem por isso são as mais fáceis de traduzir. Na verdade, as palavras mais precisas, mais eruditas e mais afiadas carregam menos ambiguidade semântica do que aquelas que têm um sentido muito genérico, podendo até revelar-se quase vazias de significado.

A maneira pouquíssimo convencional como Donald Trump apreende as relações internacionais também abala a forma polida da comunicação política quando ele aborda, nessa primeira entrevista, a questão da Rússia e do Estado Islâmico (EI), por exemplo:

> Não seria legal se nos déssemos muito bem com a Rússia, não seria legal se atacássemos o EI juntos, o que, aliás, além de ser perigoso, é muito caro, e o EI nunca nem deveria ter tido o direito de se formar, e as pessoas vão se levantar e me dar uma grande ajuda.

Ou ainda esta declaração sobre o conflito israelo-palestino:

> Um monte de empresários israelenses muito importantes, na verdade, me disseram você não pode fazer isso, é impossível. Eu discordo, acho que podemos fazer as pazes. Acho que as pessoas já estão cansadas de serem baleadas, de serem mortas.

Com reflexões binárias dignas de uma lógica infantil, estamos ao mesmo tempo longe do raciocínio geopolítico complexo, mas também a léguas de distância das reflexões acordadas, mergulhadas naquela embromação com a qual os jornalistas (e tradutores) estão acostumados. Mediante suas relações tão especiais com a imprensa, Donald Trump inaugurou uma nova era de comunicação, na qual ele é o único a manter as rédeas e na qual não há dúvida de que ele se adapta a seu público e ao que é esperado dele. Será que não faz um esforço retórico porque não tem vontade (ele é o presidente! Ele faz o que quer!) ou será que não é capaz? Será que ao menos tem consciência de estar abaixo do nível médio de expressão de um adulto instruído, que dirá de um presidente americano? Será que Donald Trump é o único que não percebe a mudança que ele representa?

A medida do tabefe

Desde que Donald Trump assumiu a liderança do mundo livre, tenho a impressão de tomar um tapa todos os dias. Não acho que eu seja a única. Como isso não acontecia desde a infância, o golpe é duro. Quem já apanhou bastante da própria vida sabe que não é a dor física a mais dolorida, mesmo que nem sempre ela seja insignificante. É antes a humilhação do tapa na cara, na própria representação de nossa humanidade e de nossa personalidade, mas também o sentimento de injustiça que muitas vezes o acompanha. Pois aqueles que dão tabefes são os mais fortes, são aqueles que sabem que não arriscam muita coisa em troca. Dar um tabefe em alguém é a expressão física de um abuso da posição dominante. Quando as forças são mais ou menos iguais ou o sentimento de impunidade é menos claro, em geral partimos muito mais diretamente às agressões e à briga. Por outro lado, os primeiros tabefes da vida costumam ser dados pelos pais e irmãos ou irmãs mais velhos, ou seja, pessoas em posições de autoridade e dominação.

Com Trump, assim que você abre um jornal, liga o rádio, ou acessa o Twitter, leva no mínimo um tabefe por dia. Como presidente dos Estados Unidos, ele ocupa uma posição absolutamente dominante, A posição dominante por excelência. Ele sabe disso. E os tabefes são de todos os tipos, porque com ele a violência é constante e multifacetada.

Em primeiro lugar, é uma violência verbal. O vocabulário que Trump escolhe utilizar é de uma brutalidade fora do comum. E não se trata apenas da representação semântica de uma intenção belicosa, como quando ele ameaça a Coreia do Norte com «fogo e fúria». Em sua linguagem cotidiana mais banal, empregada todos os dias, ele dá uma surra na língua inglesa. Para começar, repete vezes sem conta as mesmas palavras vazias (*good*, *bad*, *great*, *incredible*, *tough* etc.) para designar realidades que sabemos ser cheias de nuances; passa uma imagem terrível de seu idioma, da qual, dada a hostilidade que sua suposta dominação às vezes suscita, ele realmente não precisa. O inglês é um idioma de extrema riqueza (não pretendo ser objetiva, como se verá), que foi construído ao longo dos séculos, servindo-se de vários idiomas próximos (especialmente o francês: você sabia, por exemplo, que em inglês usamos as palavras *pork*, *beef* e *mutton* para designar a carne dos animais chamados de *pig*, *ox* e *sheep* quando ainda estão vivos porque são empréstimos do idioma francês que datam da invasão da Inglaterra por Guilherme, o Conquistador, quase mil anos atrás? Este último trouxe seus cozinheiros – já a priori da culinária inglesa –, que impuseram seu vocabulário gastronômico), e esse idioma tão rico possui múltiplos verbos, adjetivos e advérbios, uns mais gráficos e coloridos que os outros. Não saber como empregá-los quando não se é um falante nativo de inglês é compreensível; quando a sua ocupação não envolve representatividade internacional, tudo bem. Mas que aquele que deve ser a vitrine de seu país e, portanto, de seu idioma, utilize apenas um vocabulário de quinto ano do fundamental, francamente, dói no coração da linguista que sou.

Essa falta de vocabulário que considero uma agressão não é o que há de pior na violência verbal de Trump. Certamente, ele maltrata o idioma, que não lhe fez mal algum. Mas, quando profere insanidades do tipo (falando do Estado Islâmico, durante sua campanha): «*I would bomb the shit out of them. I would just bomb those suckers*» («Eu os bombardearia para cacete. Eu simplesmente bombardearia esses otários»), sua vulgaridade também é uma verdadeira violência. Assim como quando fala sobre mulheres, insinuando que devem ser «tratadas como lixo» ou que ele pode «agarrá-las pela boceta».

Esse tipo de frase na boca de um presidente dos Estados Unidos fere os ouvidos de quem as ouve e os olhos de quem que as lê. Nesse nível, não se trata de abuso verbal? E o que dizer dos qualificadores que ele escolhe utilizar no contexto da venda de armas? Em maio de 2017, foi assim que o presidente dos Estados Unidos falou sobre a venda potencial de armas ao Catar: «*a lot of beautiful military equipment*», ou seja, «uma beleza de equipamentos militares». Quando se conhece o destino desse material e se sabe o quanto o assunto é delicado nos Estados Unidos, onde as armas de fogo fazem milhares de vítimas a cada ano, esse oximoro beira a obscenidade.

A violência das palavras de Trump, já facilmente identificável quando ele era candidato, se traduz também em seus atos políticos: com o «bloqueio muçulmano» nos primeiros dias de sua presidência, essa tentativa de proibir o acesso de cidadãos de sete países de maioria muçulmana aos Estados Unidos, com suas iniciativas anti-imigração e com a ordem de separar centenas de crianças de seus pais na fronteira mexicana para «dissuadir» os requerentes de migração de adentrar os Estados Unidos. Trump não esconde que considera os imigrantes latinos insetos pestilentos, o que deixa transparecer pela sua escolha de campo lexical. Ele não disse em junho de 2018 que se recusava a vê-los «infestar» os Estados Unidos, justificando assim a crueldade das medidas tomadas contra eles? Ele age de acordo, dando a impressão de que os esmagaria com prazer, e, nesse contexto, não pode ser criticado por não dar sentido às palavras. De fato, é mais como animais do que como seres humanos que ele trata os candidatos à migração.

Por outro lado, a onda diária de tweets presidenciais enraivecidos, vingativos, arrogantes ou absurdos, da qual é quase impossível escapar, a menos que você se refugie em uma caverna e fique completamente desconectado, também constitui uma violência que exacerba esse sentimento de ser varrido por um turbilhão de disparates, que carrega em si o risco de prejudicar o raciocínio daqueles que estão sujeitos a eles. De fato, como parar para refletir e analisar uma declaração se, no momento da reflexão, o presidente vomitou uma dúzia de outras? Como se esquivar da bofetada quando quem esbofeteia parece ter tantos braços quantas serpentes a Medusa tem no cabelo?

Então a merda

A vulgaridade não é apenas uma questão de palavrões.
Países de merda, agarrar mulheres pela boceta, se não fosse minha filha eu sairia com ela, dá para ver que ela tem sangue escorrendo de tudo que é lugar... A vulgaridade de Trump é recorrente, e, se é tão chocante, é porque não deveria sair da boca de um presidente americano. Entre os papéis tácitos que as mulheres e os homens políticos modernos devem desempenhar, o de exemplo, de modelo, é amplamente partilhado. Essa é uma das razões pelas quais os políticos raramente deixam de desempenhá-lo, e, quando isso acontece, a mídia e a opinião pública não deixam barato.

A vulgaridade de um Nicolas Sarkozy dizendo «dá o fora, idiota» para um agricultor que se recusou a apertar sua mão chocou a mídia e a opinião pública francesas, justamente porque o ato o impulsionou para fora da esfera presidencial na qual ele deveria permanecer durante o período de seu mandato. Foi a forma que chocou, não o conteúdo. Ele poderia muito bem ter dito àquele senhor: «Não tenho nada a lhe dizer, vá procurar em outro lugar», e ninguém teria se incomodado – provavelmente ninguém ficaria sabendo. Foi o fato de ter abandonado, num instante de cabeça quente, a armadura de cortesia que o escolhido é forçado a usar que causou a agitação. A partir de sua eleição, o presidente, na França ou nos Estados Unidos, já não é um homem; ele se torna a personificação de uma função. Ao fazer o juramento sobre a Bíblia durante a cerimônia de posse, o presidente americano, simbolicamente, renuncia à sua individualidade para se tornar a voz e a imagem de todo o país. Ele representa o que o país tem de maior e de mais digno: dificilmente se pode perdoá-lo por fazer uma cena e, ao fazê-lo, infringir as honras e o respeito que devem inspirar a função e, consequentemente, o país. Até Trump, em termos de política internacional, a referência de vulgaridade, tanto na forma quanto no conteúdo, era Vladimir Putin, anunciando sua intenção viril de «matar [os extremistas chechenos] até nas latrinas».

A vulgaridade não se limita às palavras, há também uma vulgaridade de espírito. Um dos exemplos mais reveladores é aquele no qual, durante sua campanha, Donald Trump começou a pronunciar onomatopeias desarticuladas agitando a mão direita, com o punho quebrado, como se imitasse o jornalista deficiente que o acusou de afirmar falsamente ter sido testemunha de uma cena em que milhares de «árabes […] estavam comemorando» quando as torres gêmeas desabaram em 11 de setembro de 2001. Ou quando ele fala como se dirigiu a esse jornalista, durante uma entrevista coletiva em 1º de outubro de 2018, dizendo: «Eu sei que você não está pensando. Você nunca pensa». Essa vulgaridade, que se confunde com o insulto, prejudica a estatura da pessoa e poderia parecer contraproducente. No entanto, e este é um dos mistérios dessa eleição, não impediu a vitória de Trump.

O politicamente correto é um dos grandes inimigos de Trump, que adora repetir que não o pratica. Ele chega a se orgulhar de não ser «presidencial»: depois de ter declarado, em setembro de 2018, que «se apaixonara» [*sic*] pelo ditador norte-coreano Kim Jong-un, que lhe teria escrito «cartas muito bonitas», ele exclamou: «Vão dizer ‹É horrível! Tão pouco presidencial!›», e acrescentou: «É tão fácil ser presidencial. Mas, em vez de ter 10 mil pessoas tentando entrar nesse estádio lotado, não teríamos mais de duzentas pessoas». Em outras palavras, a escolha da franqueza é assumida, e seu objetivo, explícito: fazer volume.

Certamente, o politicamente correto é uma forma de hipocrisia; uma espécie de embromação que permite que o seu interlocutor sorria com todos os dentes para você enquanto lhe enfia uma faca nas costas na primeira oportunidade. Mas é também, e acima de tudo, um meio de manter uma certa paz social e uma dose de benevolência nas relações entre os cidadãos. Se o politicamente correto consiste em não dizer abertamente tudo o que se pensa, então ele é simplesmente a versão política da cortesia e do respeito pelos códigos sociais que regem os grupos humanos.

No ambiente escolar, por exemplo, não toleraríamos que um professor dissesse a um dos pais: «Seu filho é um pouco estúpido. Ele é legal, tá? Não estou dizendo que não seja, mas ele é um pouco ruim das ideias». Não, o professor diria: «Seu filho tem dificuldades significativas de aprendizado, vamos ter que encontrar uma saída, mas ele tem um trunfo real: a gentileza com os colegas de classe». Trata-se de transmitir uma mensagem da maneira mais benevolente possível, envolvendo-a em palavras que causem o mínimo de dano, para que o interlocutor possa sentir o golpe sem sofrer um nocaute. É exatamente a mesma razão que nos leva a explicar aos nossos filhos que não se deve gritar «nossa, que mulher feia», ou «esse velhinho está com cara de morto, né?». Pode ser verdade que a mulher seja mesmo feia, mas é melhor omitir a informação. E, se for realmente necessário dizê-lo, se tiver alguma utilidade (o que, no caso de Trump, me parece muitas vezes questionável), então o fazemos cheios de dedos.

Mas não Trump. Ele não utiliza os filtros do politicamente correto, a saber, as regras básicas da vida em sociedade aplicadas às mais altas esferas da política. Aparentemente, ele é dispensado, e gaba-se disso como se fosse uma escolha. Acredito que seja principalmente porque ele não é capaz de agir de outra forma. Ele é incapaz de filtrar o que pensa, pois não consegue adaptar seu comportamento às situações com as quais é confrontado. É o que explica sua extrema vulgaridade, mas também, sem dúvida, sua popularidade entre a parcela da população americana que tem a impressão de ser ludibriada por uma elite política que ela não entende e que vê no lado «bruto» das palavras de Donald Trump, que diz tudo o que pensa, uma forma de franqueza e, portanto, de honestidade.

A verdade se eu mentir

«*Believe me*.» Existe no YouTube um clipe de 3 minutos e 23 segundos, publicado por um certo vgolfoz. Ele é intitulado «Donald Trump BELIEVE ME».

É uma montagem de cenas em que Trump, na tribuna, pronuncia as palavras «*believe me*» em contextos diversos. Armada com uma caneta e muita abnegação, assisti ao clipe em loop, contei e recontei: o autor do vídeo conseguiu espremer 76 ocorrências diferentes de «*believe me*» em pouco mais de 3 minutos. E o documento evidentemente não é abrangente.

Note-se, a propósito, que o autor do clipe às vezes deixa pedaços de frases em torno das locuções, apenas para contextualizá-las, e isso gera situações de ironia irresistível, por exemplo, quando Donald Trump diz «*I have great respect for women, believe me*» («Tenho um grande respeito pelas mulheres, acredite») ou ainda «*I am the least racist person you've ever met, believe me*» («Sou a pessoa menos racista que você já conheceu, acredite»).

De acordo com o *Washington Post*, que manifesta uma hostilidade assumida – aliás perfeitamente recíproca – contra o presidente dos Estados Unidos, Donald Trump mentiu mais de 2 mil vezes em 2017. Em 2007, o jornal projetou um «checador de fatos» com o intuito de verificar a verdade nos discursos políticos americanos. Ele observa o nível de má-fé de uma tomada de posição, distribuindo «Pinóquios». Um Pinóquio é atribuído quando a pessoa oculta deliberadamente certos fatos, revela apenas parte da verdade, apresenta alguns exageros e omissões, mas não diz uma mentira vergonhosa. A pontuação máxima, quatro Pinóquios, é atribuída àquele que profere «barbaridades». E um Pinóquio de cabeça para baixo é dado à personalidade que recua em relação às posições declaradas anteriormente.

Desde a eleição de Donald Trump, esse *fact checker* do *Washington Post* está superaquecido. O jornal, por exemplo, lhe concedeu quatro Pinóquios por ter afirmado repetidamente que a construção de um muro entre os Estados Unidos e o México reduziria significativamente o tráfico e o consumo de drogas em solo americano. Isso é duplamente falso, já que, por um lado, a maioria das drogas entra nos Estados Unidos por portos comerciais ou por túneis clandestinos, sobre os quais um muro não teria nenhum impacto, mas também porque o principal problema de drogas nos Estados Unidos se deve à prescrição excessiva de analgésicos pelos médicos, e a construção de um muro na fronteira não mudaria nada em relação a isso.

Na famosa entrevista concedida ao *New York Times* entre sua eleição e a posse, quando Trump é questionado sobre sua escolha de contratar Steve Bannon, editor do site de extrema direita Breitbart, ele a defende alegando que Bannon não é nem o racista nem o antissemita que se acredita que ele seja, muito pelo contrário:

> Agora, deixe-me dizer, eu o conheço muito bem. Vou dizer uma coisa, e vou dizer uma coisa, se eu estivesse muito convencido disso, se achasse que ele estivesse fazendo qualquer coisa que fosse ou que tivesse as menores ideias que fossem diferentes das ideias que você pensaria, eu pediria muito educadamente que ele saísse. Mas, enquanto isso, acho que ele é tratado de maneira muito injusta. É muito interessante, porque muitas pessoas o estão defendendo agora.

E Reince Priebus, futuro chefe de gabinete da Casa Branca, acrescentou: «O que o presidente eleito diz é cem por cento verdadeiro».

Bem-vindo a um mundo no qual basta dizer uma coisa para que ela se torne realidade. Cem por cento.

Donald Trump, rei dos mentirosos? Pode ser um pouco mais complicado que isso. Temos certeza de que são mentiras? Como avaliar a má-fé? De fato, Trump, seus apoiadores e suas equipes parecem viver em uma realidade que não é a de todos. Um mundo de «fatos alternativos», expressão cunhada por Kellyanne Conway, conselheira de um recém-eleito Donald Trump, em 22 de janeiro de 2017. Onde já não se trata de compreender, mas de acreditar, como em uma religião. Durante a coletiva de imprensa em 26 de setembro de 2018, vários jornalistas questionaram Trump sobre o candidato que ele acabara de propor ao Senado para o cargo de juiz da Suprema Corte, Brett Kavanaugh, que várias mulheres acusavam de agressão sexual: o presidente acha que as acusadoras são mentirosas? Que Kavanaugh pode ser culpado? «Muitas pessoas o conhecem bem. E essas pessoas não acreditam no que está acontecendo», responde Trump. A propósito, a palavra *believe* («acreditar») sai 21 vezes da boca do presidente durante essa coletiva de imprensa.

Não se trata necessariamente de mentiras. Para mentir, a pessoa deve estar *ciente* de que está distorcendo a realidade. No entanto, Trump diz *sua* própria verdade, bem ancorada em seu mundo mental, e denegrida por aqueles que ele acusa de propagar *fake news*. Não acredito que se possa afirmar com certeza que Trump seja um mentiroso, porque ele sem dúvida manifesta uma forma de sinceridade. Em um nível de mitomania como esse, parece mais uma forma de negação da realidade contra a qual ele não pode fazer muita coisa, por falta da lucidez necessária para se dar conta dela.

Por outro lado, aqueles que convivem com ele, sua comitiva próxima, aqueles que compartilham publicamente seu sentido, os Pence, Conway e outros Mattis, parecem, de sua parte, muito menos suscetíveis a serem logrados por essa falsa realidade projetada por Donald Trump. Quando Rudy Giuliani, advogado de Trump, responde a um repórter consternado com uma petulância bem orwelliana: «A verdade não é a verdade», no canal NBC em 19 de agosto de 2018, ele evidentemente mete os pés pelas mãos quanto às mentiras disseminadas pelo governo americano, mas não porque acredita nelas: ele procura apenas justificar seu cliente e suas mentiras no contexto da questão russa.

A comitiva direta do presidente com certeza não é lograda pelo sistema de verdade paralela estabelecido em torno de Trump pelo próprio Trump; a tal ponto que um dos membros de seu governo sentiu a necessidade de limpar seu nome por meio da publicação, em setembro de 2018, de uma coluna no *New York Times* na qual justificava sua colaboração na Casa Branca e confidenciava que, nos bastidores, ele e outros altos funcionários planejavam contrapor as decisões perigosas e/ou ineptas de Donald Trump. Quaisquer que fossem suas motivações (segundo eles, salvar a América; na minha opinião, salvar a própria pele, já prevendo o dia em que a maré irá mudar), fica claro que essas pessoas não se deixaram enganar pela falsa realidade do presidente, que está bastante sozinho em sua bolha delirante. As mentiras, assim como as promessas, não comprometem apenas aqueles que fingem acreditar nelas.

Melania

Não vou escrever um capítulo sobre Melania Trump neste livro. Primeiro porque meu objeto de estudo não é ela; é seu marido. Não é porque ela se casou e permanece casada com ele, não é porque não se pode deixar de pensar, sem nenhuma prova, que, se ela não se separou de um dos homens mais odiados do universo, é porque de alguma forma ele tem meios de forçá-la a fazê-lo, não é porque ela parece um troféu imobilizado, condenado a servir de decoração para seu marido horroroso, que vou condená-la. Seria subjetivo demais, eu estaria literalmente julgando pela aparência.

Tampouco é porque muitas vezes sentimos pena dela, como no dia de sua chegada à Casa Branca, com seu marido recém-empossado, quando ele largou-a ali, dentro do carro, ignorando-a totalmente como se ela não existisse, sujeitando-a a caminhar sozinha para alcançá-lo e subir os degraus atrás dele, e sem lhe dirigir o olhar, até os degraus onde o casal Obama os esperava, mostrando ao mundo inteiro o quanto seu marido machão a considerava insignificante, que eu vou escrever um capítulo inteiro sobre ela. Embora essa cena tenha sido comentada à exaustão e, acima de tudo, comparada à mesma cena, oito anos antes, na qual vimos o novíssimo presidente Obama esperando com cortesia que sua esposa se juntasse a ele ao sair do carro, fazendo-a passar à sua frente para subir os mesmos degraus e, dessa forma, associando-a à sua vitória antes de adentrar, com ela, a nova residência presidencial.

Também não é porque, como mulher e feminista, fico revoltada com a ideia de que se exija de uma mulher, como condição para a maternidade, que ela conserve um corpo dos sonhos, e que ela obedeça a essa ordem, que discutirei a questão. Nem porque as repetidas humilhações a cada revelação das infidelidades de seu marido me deem pena dela, ou vontade de julgá-la, dependendo do meu humor no dia. Cada uma faz o que quer com sua vida de casada. Quem sou eu para julgar?

Além do mais, este livro trata da linguagem, e Melania Trump não fala muito. Especialmente se comparada ao marido tagarela. Ela raramente toma a palavra em público, e não reage às alegações de infidelidade do marido. Como modelo de primeira-dama, participa de eventos de caridade e aparece ao lado de crianças doentes, acompanha as primeiras-damas de líderes estrangeiros durante suas viagens ou quando as recebe, mas seus discursos são raros. Deve-se apontar que, durante a nomeação de seu marido como candidato pelo Partido Republicano, ela foi ridicularizada ao fazer um discurso no qual várias passagens plagiavam um discurso de Michelle Obama na convenção democrata de 2008, e ao afirmar que ela mesma o havia escrito – antes que sua verdadeira autora, Meredith McIver, admitisse que havia de fato se inspirado nas palavras de Michelle Obama para redigi-lo. O suficiente para jogar um balde de água fria nas intenções de oradora da sra. Trump.

Melania Trump nasceu na Eslovênia e só obteve a cidadania americana em 2006. Quando fala inglês, exibe um ligeiro e charmoso sotaque esloveno. Será essa a razão por que é tão discreta? Como esposa de alguém que ostenta convicções abertamente racistas e xenófobas, que proibiu a entrada em território americano de cidadãos de certos países porque eles são de maioria muçulmana, que quer construir um muro entre seu país e o México para impedir uma população de latinos, a quem estigmatiza, de entrar no país, que ordenou a separação de famílias de migrantes na fronteira, será que para ela, como migrante, não é interessante manter a discrição? Seu status de imigrante recente e o fato de seus pais terem obtido a cidadania americana durante o mandato de seu marido parecem tão absurdos, dada a política de Donald Trump, que seria compreensível que ela quisesse ficar na sombra para evitar que o marido fosse criticado por operar com dois pesos e duas medidas entre sua vida privada e a política que ele empreende em todo o país.

Seria certamente de esperar que eu comentasse a famosa jaqueta de Melania, aquela que ela usou quando foi visitar um centro de detenção infantil. Essa jaqueta da marca Zara (escolha de marca popular bastante surpreendente para a First Lady) exibia nas costas as palavras: «*I really don't care, do u.?*» («Eu não estou nem aí, e vc?»). No momento em que toda a América parecia revoltada com a decisão de Donald Trump de separar os filhos de migrantes clandestinos de seus pais, quando vimos e ouvimos documentos de áudio e vídeo nos quais crianças gritando e implorando eram arrancadas de suas mães, os ânimos estavam à flor da pele e até os republicanos pareciam ter dificuldade para justificar uma iniciativa como aquela, e mais ainda para dar sentido a ela.

Eu não estou nem aí, e vc? Primeira hipótese, essa mensagem foi dirigida àqueles que criticavam a política de separação familiar, mas então por que usar a jaqueta para visitar um centro de detenção infantil? Cinismo? Os mais bonachões, crédulos, preferiram pensar que ela estava enviando uma mensagem para seu Donald, e que justamente visitaria os pequenos que eram vítimas dele para deixar claro que não se importava com sua opinião. Seu marido ofereceu uma interpretação completamente diferente e muito pessoal: Melania mostrava, daquela maneira, sua total indiferença à reação da mídia e seu desprezo pelos jornalistas. Nesse caso, ele a teria forçado a usar a jaqueta?

Será que ele obrigaria Melania a usar uma jaqueta *que custa menos de cinquenta dólares*?

A comunicação de Melania Trump, diferente da do marido, é completamente não verbal. Ele se comunica por sua simples presença, e muitos sinais sugerem que o faz com frequência de má vontade. Ao contrário dele, ela às vezes envia mensagens de maneira sutil e bastante prazerosa: por exemplo quando, rígida e silenciosa, se recusa a pegar a mão do marido que procura a sua desesperadamente durante a visita do casal Macron à Casa Branca em abril de 2018, ou ainda quando, em maio de 2017, ela chega a lhe dar um tapa para impedir que ele agarre sua mão enquanto caminham lado a lado sobre um tapete vermelho no aeroporto de Tel Aviv.

Melania Trump, talvez por ser uma ex-modelo, se comunica com o corpo, com sua imagem. E o que quer que faça, está condenada a suportar escrutínios minuciosos e extorsões via de regra. Quando é fotografada pela imprensa no pomar de Michelle Obama na Casa Branca, durante um evento em que deveria cuidar das plantas com adolescentes americanos, sua cota de credibilidade despenca: toda emperiquitada, ela não chega a encostar um joelho na terra (eca, é sujo) e mais parece posar para um catálogo de jardinagem para *desperate house-wives* de subúrbios americanos superchiques.

Essa mulher é um mistério, seu modo de comunicação não tem nada a ver com o verbo e não sou apta a escrever sobre ela. Não traduzo esse tipo de comunicação. E, se a cada vez que ela aparece ao lado do marido ou em suas atividades de primeira-dama tenho a impressão de que por trás de seu rosto perfeito ela grita «Venha me salvar!», isso provavelmente revela uma fantasia feminista que só diz respeito a mim.

Gorjeio

Donald Trump é o primeiro presidente a fazer do Twitter uma ferramenta de comunicação predominante durante seu mandato. O Twitter nasceu em 2006, e, se Barack Obama fez uso dele durante sua primeira campanha presidencial, admitiu jamais ter escrito ele mesmo uma mensagem na época.

Trump é completamente fã dessa rede social («O Twitter é algo maravilhoso para mim, porque consigo transmitir a mensagem… talvez eu não estivesse aqui conversando com você como presidente se eu não tivesse uma maneira honesta de comunicar a minha mensagem», ele declarou à Fox News em 15 de março de 2017) e despeja ali uma verdadeira logorreia. Ele parece acessá-lo assim que acorda e sempre encontra muitas coisas a dizer sobre uma série de assuntos. E, quando não encontra, sempre repete: «MAKE AMERICA GREAT AGAIN!».

O Twitter oferece um meio excelente de observar o modo de falar de Donald Trump. O famoso «*despite the constant negative press covfefe*» («apesar da constante *covfefe* negativa da imprensa») (sim, *covfefe* é feminino), publicado em 31 de maio de 2017, ilustra a que ponto ele tuita impulsivamente. O Twitter é o método de comunicação ideal para ele: é uma mídia do momento, utilizada e lida por milhões de pessoas. Sua brevidade forçada permite elaborar frases curtas e slogans e expressar à perfeição um estilo de pensamento fragmentado e sucinto. Em seu livro *How Trump Thinks*, Peter Oborne e Tom Roberts tiveram de construir um léxico da linguagem de Trump no Twitter. Eles começam explicando os códigos de pontuação usados por Trump:

«aspas» – cinismo
????? – descrença
!!!!!!! – descrença extrema
TUDO EM LETRAS MAIÚSCULAS – raiva

Em seguida eles categorizam o número de palavras que surgem com mais frequência. Na categoria «para atrair atenção e finalizar o tweet» temos, por exemplo, *Wow!*, que eles notaram trezentas vezes (os autores especificam que os números foram arredondados. Além disso, o trabalho foi interrompido em abril de 2017, portanto tem mais valor de ilustração do que de prova matemática). Na mesma categoria, *sad!* («triste!») aparece 250 vezes. Na categoria «Elogios (em geral autoatribuídos)», encontramos o inevitável *great* («ótimo») e seu superlativo *greatest* («o melhor») por volta de… 4.400 vezes. Entre as outras categorias, naquela dos «Arrependimentos», que inclui as fórmulas «Eu lamento», «Sinto muito» e «Peço desculpas», os autores observam maliciosamente zero ocorrências.

Para além da zombaria fácil, descobrimos que o Twitter é o melhor meio para comunicar sentimentos como se fossem fatos. É o reino dos instintos com voz própria, da praça pública, dos clichês fáceis e das frases vazias e descontextualizadas. Fortalecido por sua posição de autoridade, Trump pode propagar suas verdades e suas reações, ditadas por emoções e primeiras impressões e não por uma verdadeira reflexão. Ele não está absolutamente sozinho: no Twitter, paixões costumam irromper mas os debates raramente têm profundidade filosófica. O formato não se presta à reflexão intelectual: presta-se ao diálogo superficial e ao aforismo fácil. No caso de Trump, trata-se de um monólogo que serve para justificar suas escolhas e protrusões, e fazer uma verdadeira propaganda com pequenos clipes e slogans de louvor à sua glória e à de seu governo. E também, é claro, desgastar os meios de comunicação em geral e a imprensa em particular (de preferência o *New York Times* e a CNN), com exceção da Fox News.

Um exemplo de um tweet do dia 2 de agosto de 2018:

> Uau, @foxandfriends acaba com seus concorrentes na audiência matutina. Morning Joe é um programa morto com muito poucos espectadores e, que pena, a Fake News CNN também tem resultados péssimos. Muito ódio e artigos cheios de imprecisão – previsíveis demais!

(O programa *Morning Joe*, da MSNBC, havia apresentado no dia anterior um debate sobre as suspeitas de obstrução da justiça por parte de Donald Trump, diante da investigação do promotor Mueller sobre um possível conluio entre a equipe de campanha de Trump e a Rússia.

O programa *Fox & Friends*, por sua vez, é abertamente pró-Trump.)

Um dos problemas no mundo virtual da internet é o sentimento de impunidade daqueles que se utilizam dela para fins prejudiciais. As pessoas trolam, assediam e insultam de forma anônima, escondidas atrás de suas telas, convencidas de que não terão de arcar com as consequências de seus atos, já que ninguém está ao lado delas para observá-las.

Para Donald Trump, o sistema é o mesmo: ele conta tudo o que passa por sua cabeça, como se estivesse sozinho nesse universo e não pudesse haver nenhuma consequência, nenhuma verificação de suas declarações. Para ele, o Twitter é uma espécie de alívio contra o estresse, o rascunho de um diário íntimo, no qual ele poderia contar tudo o que pensa antes de dedicar um tempo à reflexão, enquanto desfruta secretamente da certeza de ser lido por milhões de pessoas. O Twitter, por sua concisão e seu alcance, favorece um tipo de pensamento binário, um mundo de mocinhos e bandidos. Não há necessidade de justificativa, nem de fontes ou provas: no Twitter, Trump manipula com grande destreza o velho ditado segundo o qual uma pessoa precisa parecer convencida de ter razão para que se acredite nela. A única desvantagem: no Twitter, ele só prega para convertidos. Seus apoiadores veem nessas mensagens lapidares e peremptórias uma confirmação da precisão de sua política e de suas opiniões; seus detratores lamentam e se indignam com o que lhes parece ser manifestações de orgulho e sequências de disparates.

Em um tweet de 31 de julho de 2018, por exemplo, sobre suspeitas de colaboração entre sua equipe de campanha e a Rússia durante a campanha presidencial:

> O conluio não é crime, mas isso não tem a menor importância porque Não Houve Conluio (exceto por parte da Hillary desonesta e dos democratas!).

Fora que ele parece inventar um nome de um grupo de rock dos anos 1980 (na versão original, «*Crooked Hillary and the Democrats*», soa muito bem, não?). Para Trump, basta afirmar no Twitter que não houve conluio para que isso seja verdade. Além disso, em 240 caracteres, as pequenas fórmulas de ofensa vão muito bem: «*crooked Hillary*», mas também o «*failing New York Times*» e outras «*fake news media*», matraqueadas incansavelmente, acabam deixando um rastro no inconsciente de quem as vê surgindo sem cessar. Segundo o historiador Michael Beschloss,[1] Trump alcança cerca de 100 milhões de pessoas por meio das redes sociais. Isso é inédito na história presidencial americana, e o vocabulário que chega diariamente a todos esses ouvidos – ou melhor, a todos esses olhos – não pode deixar de causar impacto.

---

1 Tamara Keith, «President Trump's Description of What's ‹Fake› Is Expanding», *NPR*, 2 de setembro de 2018.

Distopia

Um dos meus filmes preferidos, *O grande ditador*, de Charlie Chaplin (1940), é mencionado com frequência desde a eleição de Donald Trump. Nessa obra-prima absoluta, um dos protagonistas é um tirano ridículo, com ambições desmesuradas, mas com capacidade intelectual limitada, que acaba sendo destronado por um pequeno barbeiro judeu e simpático que é a cara dele.

É preciso ver e rever *O grande ditador*, antes de tudo porque é um ótimo filme, e também por seu lado catártico. Ao assistir a Hynkel brincando com uma grande bola que representa o globo terrestre, levantando-a no ar com as nádegas, de quatro sobre sua mesa de trabalho, antes de começar a chorar como um fedelho quando o globo acaba por explodir em sua cara, como não imaginar, no lugar dele, o atual presidente americano? E, ao ouvi-lo latir para um microfone, que se dobra de terror diante de suas invectivas, sem que o conteúdo dos discursos seja minimamente compreensível? Sem falar no lado premonitório do título; na versão original ele não se chama... *The* Great *Dictator*?

Certamente Trump, apesar de todo o seu racismo e sua xenofobia, não tem (até onde se sabe) objetivos genocidas. Não é questão de compará-lo a Hitler, mas a personagens fictícios inspirados nele. Também é bastante tentador fazê-lo com personagens tirânicos, protagonistas de distopias fictícias que soam como advertências, e cuja lucidez já não escapa a ninguém.

O livro mais mencionado desde o advento de Trump tem sido *1984*, de George Orwell, cuja editora, Penguin Books, teve de reimprimir 75 mil exemplares quando Kellyanne Conway, assessora de Trump, invocou pela primeira vez o conceito de «fatos alternativos». Ela usara a expressão para justificar a promoção, pelo governo Trump, de grandes números quanto à participação popular na cerimônia de posse, quando todos os meios de comunicação mostraram que, na realidade, o público era bastante escasso. A importância da expressão não passou despercebida por ninguém, e especialmente pelos autores do dicionário inglês *Merriam-Webster* (o equivalente ao francês *Robert*),[1] que sentiram então a necessidade de tuitar uma definição da palavra «fato»: «um fato é uma informação apresentada como tendo uma realidade objetiva».

Se em *1984* não encontramos a expressão «fatos alternativos», podemos compará-la a «Novafala» («*newspeak*», na versão original) e, acima de tudo, ao «duplipensamento» (*doublethink*), que «significa a capacidade de abrigar simultaneamente na cabeça duas crenças contraditórias e acreditar em ambas».[2] Essa

---

1   O *Robert* é considerado o modelo de referência dos dicionários da língua francesa. [N.T.]

2   George Orwell. *1984*. Trad. de Alexandre Hubner e Heloisa Jahn. São Paulo: Companhia das Letras, 2009 («*Doublethinking means the power of holding*

definição se assemelha à confusão da realidade alternativa do governo Trump, que impõe sua própria realidade mesmo que ela esteja em óbvia contradição e crie uma dissonância total com a realidade demonstrável e demonstrada por fatos objetivos.

Essa teoria foi brilhantemente resumida pelo próprio Trump em julho de 2018 em uma convenção de veteranos: «O que vocês veem e o que leem não é o que está de fato acontecendo». Em outras palavras, a única realidade é aquela que sai da sua boca (e da sua comitiva próxima) e quem quer que diga o contrário está mentindo. Ele não se contenta, aqui, em refutar o que outros disseram ou fizeram: afirma que somente ele pode decidir a realidade. Declaração reformulada por Rudy Giuliani, advogado de Trump, ao afirmar que existe uma «versão da verdade de determinada pessoa. […] A verdade não é a verdade».

Kellyanne Conway, Donald Trump e os funcionários de seu governo que propagam inverdades muitas vezes desmentidas friamente pelos meios de comunicação vivem em um mundo infantil e de fantasia, no qual é suficiente nomear a realidade para que ela tome forma. «Parece que houve muita gente na minha cerimônia de posse.» «Parece que foram os democratas que decidiram separar as crianças de seus pais refugiados clandestinos.» «Parece que o aquecimento global não existe.»

---

two contradictory beliefs in one's mind simultaneously, and accepting both of them»).

É um tipo de pensamento mágico, a convicção de que se pode realizar algo desejando-o com toda força, que funciona de forma retroativa e permite reformular a realidade. Ora, quem não tremeu de terror ao ler *1984*? Quem não sabe que dar às palavras o poder de transformar uma realidade passada é uma das características do regime autoritário?

«E se os fatos atestarem algo diferente, então é preciso alterar os fatos. Dessa forma, a história é constantemente reescrita.»[3]

---

3   *Ibid.* («And if the facts say otherwise, than the facts must be altered. Thus history is continuously rewritten.»)

O ponto Godwin

Todo mundo pensa sobre isso, todo mundo faz algum tipo de alusão a isso, todo mundo fica cheio de dedos para tratar da ideia – mas como é tentador fazer analogias entre a administração xenofóbica de Donald Trump e a do Terceiro Reich, atingindo assim o chamado «ponto Godwin» (o momento em que uma discussão acaba inevitavelmente evocando os nazistas ou a Shoah).

Que fique claro: Trump não é Hitler, Melania não é Eva, as situações não são comparáveis. A economia da República de Weimar estava em um estado catastrófico, a época não é a mesma, as culturas estão a quilômetros de distância uma da outra, Trump não é nazista (observe-se mesmo assim que ele demorou um certo tempo para renegar a Ku Klux Klan, foi um pouco perturbador. E, quando o fez, durante uma declaração extremamente lacônica – menos de quarenta segundos – após a violência racista que causou uma morte e muitos feridos em Charlottesville, em agosto de 2017, foi em termos neutros, demonstrando o clichê mais artificial, revelando em particular esta grande verdade: «*Racism is evil*», ou «O racismo é mau»).

No entanto, só podemos analisar a política contemporânea pelo prisma da história, e ele nos é tão familiar e está tão documentado que não mencioná-lo configuraria quase uma desonestidade intelectual. Além do mais, diante da ascensão dos partidos populistas no mundo ocidental, diante da libertação e, portanto, da banalização do discurso midiático e político racista, negar as semelhanças entre o clima de ódio dos anos 1930 e o que está em vias de desenvolvimento no mundo de hoje denota cegueira.

No ensaio *La Force de l'incohérence* [A força da incoerência],[1] Olivier Mannoni, que entre outros feitos notáveis dedicou-se a uma nova tradução de *Mein Kampf* (obra que ele descreve como «monumento do vazio conceitual e das aberrações sintáticas»), explica que, «por quebrar sua sintaxe e seu rigor, a extrema simplificação do discurso constitui o caminho mais seguro para a violência». Olivier Mannoni é especialista na Alemanha nazista e, em particular, traduziu o terceiro volume do diário de Goebbels, «grafomaníaco frenético». Ele diz que encontrou «uma alternância de frases pomposas, invocações exclamatórias, ditados mutilados, do tipo ‹O hábito não faz a primavera›» e advérbios múltiplos e intermináveis. Também menciona Himmler, de quem se encontra, na expressão oral e escrita, frases «ao mesmo tempo simplistas e confusas, um tom enfático, um estilo repetitivo e sobretudo o uso de palavras quase infantis para designar a realidade». Mannoni observou no discurso do chefe da SS elementos familiares a nós,

---

[1] *Contemporary French and Francophone Studies: Sites*, vol. 21, edição 5, Routledge.

tradutores de Donald Trump: «Ele também fala de um ‹mundo ruim›, expressando uma visão de mundo na qual *schlecht* e *gut* se opõem de forma tão básica e binária quanto *bad* e *good* nos discursos de Donald Trump». Quanto a Eichmann, alto funcionário responsável pela Solução Final, classificava o mundo entre «bons» e «maus» e manifestava uma incapacidade de expressar um pensamento complexo. Mannoni compara precisamente o «barulho e a fúria» com os quais Trump ameaçou a Coreia do Norte antes de ela entrar na categoria de aliados dos Estados Unidos com a retórica de Eichmann. Mais uma vez, explica ele, a linguagem binária usada pelos «grandes homens» da ditadura nazista simplifica o pensamento e o torna incoerente, e é essa incoerência que leva à arbitrariedade e ao autoritarismo. Se já não há coerência de linguagem ou pensamento, já não há regra definida e precisa a ser seguida. O poder poderá, então, ser transformado em arbitrariedade e o povo terá um medo constante de violar regras das quais não compreende mais nada.

Um documento essencial no estudo da linguagem dos regimes totalitários e, mais precisamente, da retórica nacional-socialista, LTI: *A linguagem do Terceiro Reich* também dá razão àqueles que enxergam um sinal de alerta na simplificação do pensamento e da linguagem própria de Trump e de sua comitiva. Esse livro foi escrito por Victor Klemperer, um filósofo judeu alemão que, a partir de 1933, começou a estudar a linguagem utilizada pelos nazistas. Ele mantinha um diário (clandestino, é claro) e, desde a ascensão de Hitler, sentiu que as atrocidades cometidas e as que estavam por vir eram permitidas, em particular, por uma neutralização do sentido de linguagem e de comunicação. Klemperer se deu conta de que a linguagem serviu como uma ferramenta de propaganda para a máquina de extermínio do Terceiro Reich, e que essa ferramenta foi implementada com bastante rapidez, mediante a imposição de certo tipo de vocabulário que os nazistas desviavam de seu significado inicial para lhe dar um conteúdo doutrinário:

> O domínio absoluto que esse pequeno grupo – ou melhor, que esse homem [Goebbels, ministro da propaganda] – exerceu na normatização da linguagem se estendia por todo o âmbito da língua alemã, levando em conta que a LTI [*Lingua Tertii Imperii*, a língua do Terceiro Reich] não fazia distinção entre linguagem oral e escrita. Para ela, tudo era discurso, arenga, alocução, invocação, incitamento.[2]

A indiferenciação entre a linguagem escrita e a linguagem oral nos soa familiar aos ouvidos e aos olhos encharcados dos discursos e tweets trumpianos. No discurso, num sentido amplo, do Trump candidato e depois do Trump presidente, foi isso que também chocou os tradutores: tudo nele é apenas oralidade. Mesmo quando escreve, parece que está falando, que está lá fisicamente, e que discute com os leitores

---

2 Victor Klemperer. *LTI: A linguagem do Terceiro Reich*. Trad. de Miriam Bettina Paulina Oelsner. Rio de Janeiro: Contraponto, 2009.

soltando slogans e tweets cominatórios, nos quais se distingue com frequência nas entrelinhas a ameaça de julgar antipatrióticos todos aqueles que não pensam como ele. Trump se enfurece, ameaça, luta para provar sua inocência, acusar seus inimigos, à custa de toda dignidade, como neste tweet de 25 de julho de 2018:

> Que tipo de advogado grava a conversa de seu cliente? Tão triste! Será que se trata de uma primeira vez, algo de que nunca se ouviu falar antes? Por que a gravação terminou (foi cortada) enquanto eu provavelmente dizia coisas positivas? Fiquei sabendo que outros clientes e muitos jornalistas tiveram suas conversas gravadas – será possível? Que pena!

Ele também usa o Twitter para justificar medidas de exclusão de estrangeiros em termos binários que, tomados ao pé da letra, flertam com incitações de linchamento:

> Os democratas querem fronteiras abertas e querem abolir o ICE, os homens e mulheres corajosos que protegem nosso país de algumas das pessoas mais maldosas e perigosas do mundo! Desculpe, não podemos deixar isso acontecer! Além disso, mudem as leis no Senado e aprovem uma Segurança nas Fronteiras FORTE!

Aqui, traduzi a frase em inglês «*some of the most vicious and dangerous people on Earth*» por «algumas das pessoas mais maldosas e perigosas do mundo». É uma escolha deliberada de tradução, que dá a ele o benefício da dúvida, porque essas palavras também podem ser traduzidas por «alguns dos *povos* mais maldosos e perigosos da terra», o que confere uma dimensão internacional à ira do presidente americano. É tarefa do leitor, valendo-se de sua experiência com o personagem, interpretar o subtexto do emissor.

É certo que queremos evitar o ponto Godwin a todo custo, mas aqui temos um líder de estatura mundial que se dedica ao escárnio de pessoas cujos representantes vivem *no seio* de sua comunidade. Ele se refere aos mexicanos e a outros exilados da América Latina que vão buscar refúgio nos Estados Unidos, não se trata de propaganda de política externa, como nos casos da Coreia do Norte ou do Irã – não deve haver uma infinidade de norte-coreanos nos EUA, dada a rigidez das fronteiras; quanto à comunidade iraniana, vinda de um país que Trump abomina, ela representa uma ínfima parte da população (o Irã é um dos países afetados pelo «bloqueio de viagens», a propósito). Uma coisa é condenar publicamente um povo do qual se está longe sob todos os pontos de vista; outra é tratar como «os mais maldosos e perigosos da terra» membros de uma comunidade que representa uma porcentagem muito grande da população que vive em solo americano, incitando a população americana a olhar com outros olhos as pessoas que vivem a seu lado dessa forma estigmatizada.

Como diz Victor Klemperer, «há muita histeria nas ações e nas palavras do governo. Seria preciso estudar um dia, de maneira muito especial, a histeria da linguagem em particular».³

«A repetição parece ser a característica principal dessa linguagem», surpreende-se Klemperer ao constatar que o menor fato positivo é amplamente reiterado pelos nazistas, que assumem o crédito de forma automática, mesmo que não tenham nada a ver com ele. Encontramos esse mesmo reflexo e essas repetições constantes em Trump, cujo pensamento parece girar em loop ao sabor dos acontecimentos. Tanto em suas intervenções orais, como na primeira entrevista ao *NYT*, na qual continuou a falar sobre sua vitória eleitoral, e em seus tweets, onde é capaz de voltar ao mesmo assunto várias vezes ao dia para dizer a mesma coisa. Ele também é mestre na arte de assumir o crédito por sucessos econômicos que só podem ser produto de vários anos de trabalho da administração anterior.

Por fim, outro elemento preocupante quando projetamos a imagem de uma América que vem cedendo às sereias do autoritarismo é aquela de Trump manifestando sua admiração e seu respeito pelos líderes mundiais aos quais a comunidade internacional aponta o dedo justamente porque são ditadores. Se a melhor ilustração do fenômeno é a camaradagem (até mesmo «amor», segundo Trump) entre o presidente americano e o ditador norte-coreano Kim Jong-un, a admiração e o respeito aparentemente sinceros que ele demonstra pelo ditador filipino Rodrigo Duterte,

---

3 *Ibid.*

por exemplo, acusado de inúmeras violações dos direitos humanos, são menos conhecidos, mas igualmente perturbadores. Se as relações internacionais com ditadores fazem parte das atribuições do cargo de todos os presidentes, diz Jamie Kirchick, especialista em política externa na Brookings Institution, «o que há de diferente em Trump é que ele parece costumar ter uma sincera admiração por esses chefes de Estado». E acrescenta: «Trump é diferente porque [...] gosta do lado arrogante, do lado difícil, ele gosta da hostilidade contra a oposição e a mídia. E isso é novo. Nunca tivemos um presidente que não expressasse as preocupações de seus antecessores quanto aos direitos humanos».[4]

Quando Trump evoca ditadores, não parece medir o alcance de suas palavras: em 5 de julho de 2016, durante uma reunião em Raleigh, na Carolina do Norte, ele declarou, por exemplo, que preferiria que Saddam Hussein e Gaddafi ainda estivessem no poder porque, pelo menos, eles foram eficazes – mesmo que tenha admitido que, bem, «Saddam Hussein era um canalha. Isso mesmo. Ele era um canalha. Um verdadeiro canalha. Mas sabe o que ele fazia bem? Matava terroristas».

Essas reflexões de praça pública assumem uma dimensão ameaçadora na boca de um aspirante a presidente – Trump as ostentava na época, e continua a fazê-lo hoje em dia. «Eu

---

4 «Trump's Latest Praise for Strongmen Includes Rodrigo Duterte, Vladimir Putin and Kim Jong Un», *ABC News*, 14 de novembro de 2017.

sou um nacionalista», afirmou em outubro de 2018, durante um comício antes das eleições intercalares. «Não devemos utilizar essa palavra», ele achou de bom-tom precisar, esclarecendo que estava ciente de sua conotação política extrema. Trump é abertamente favorável à ditadura em detrimento da democracia se aquela servir a seus objetivos. Ele se apressou em parabenizar Jair Bolsonaro, o novo presidente brasileiro eleito sob um programa autoritário com cheiro de retorno à ditadura militar. Será essa uma maneira de justificar possíveis medidas excepcionais de segurança, suspendendo as liberdades, o equivalente ao nosso «estado de emergência», por capricho do líder e passando por cima do processo democrático e dos representantes do povo?

A paranoia nacionalista que sempre acompanha os regimes ditatoriais está bastante presente tanto no discurso como nas ações do presidente americano. No entanto, esses regimes sempre justificam os meios que empregam pela necessidade de se defender contra um inimigo designado pelo Estado, às vezes interno (os inimigos do povo), na maioria das vezes externo (os imigrantes). Ao enviar nada menos que 5 mil soldados para a fronteira com o México em outubro de 2018, prevendo a chegada de uma caravana de migrantes hondurenhos «muito perigosa» a seus olhos (que, a propósito, não havia nem alcançado a fronteira sul do México, a milhares de quilômetros de distância, e era composta de pouco mais de 4 mil pessoas), prometendo enviar «entre 10 mil e 15 mil» no total (número três vezes maior que o de soldados americanos presentes no Iraque) e anunciando que estariam autorizados a disparar munição de verdade contra os migrantes que lhes atirassem pedras, Trump estabelece que o país está em perigo e que ele está tomando as medidas necessárias para garantir a segurança de seus cidadãos. Discurso reforçado por seu governo, quando Alyssa Farah, encarregada da comunicação do vice-presidente Mike Pence, fala de «uma afronta à nossa soberania». Uma ameaça fantasma mas que corre o risco de convencer, além da base de fãs de Trump, uma boa parte de americanos vulneráveis a estereótipos e preconceitos.

Se, teoricamente, os Estados Unidos não são uma ditadura, ainda assim dá para sentir um leve cheiro de enxofre.

Os inimigos do povo

Felizmente, existem contrapesos que também utilizam palavras para lutar. O maior e mais poderoso sempre foi a imprensa. Hoje, no sentido mais amplo de «mídia» (rádio, televisão, internet, imprensa on-line), esse poder de compensação continua a existir nos Estados Unidos e a utilizar a linguagem para se opor a Trump e a seus «fatos alternativos». Entre todos os inimigos declarados de Donald Trump, aquele que é alvo de sua hostilidade mais violenta é justamente a mídia, e, mais precisamente, a mídia que não concorda com ele:

> A liberdade de imprensa vem acompanhada da responsabilidade em relatar as informações com precisão. Noventa por cento da cobertura da mídia da minha administração é negativa, apesar dos resultados tremendamente positivos que conseguimos alcançar, não admira que a confiança na mídia nunca tenha sido tão baixa! Não permitirei que nosso grande país seja vendido por *haters* anti-Trump da imprensa agonizante. Não importa o quanto eles tentem desviar a atenção e escondê-la, nosso país está fazendo grandes progressos sob minha liderança e nunca vou deixar de lutar pelo povo americano! Por exemplo, o fracassado *New York Times* e o *Washington Post* da Amazon só escrevem artigos horríveis, mesmo sobre histórias de sucesso muito positivas – e nunca vão mudar!

Esse longo discurso escrito no espaço de quatro tweets seguidos é oferecido pelo 45º presidente dos Estados Unidos, que também especifica que «a mídia ficou enlouquecida com sua *Trump Derangement Syndrome*», ou seja, a síndrome de demência trumpiana, uma doença inventada por apoiadores de Trump que designa as reações negativas sistemáticas de seus oponentes à menor intervenção presidencial. (A expressão é inspirada na *Bush Derangement Syndrome*, forjada pelo psiquiatra Charles Krauthammer em 2003 para descrever «os ataques agudos de paranoia em pessoas em geral normais em reação a políticas, à presidência – não, à própria existência de George W. Bush».)

Se há dezenas (centenas? milhares?) de outros tweets de Donald Trump destruindo a imprensa, este é bastante útil, pois é um bom resumo da situação e de sua posição em relação à mídia. Vamos analisá-lo:

• Culpabilização. *A liberdade vem acompanhada da responsabilidade...*, subentende-se que você não está fazendo seu trabalho e que não é moral.

• *Noventa por cento da cobertura da mídia da minha administração é negativa.* Projeção prematura e sem aviso prévio de um número avassalador saído do nada – mas citar um número é ganhar credibilidade e, acima de tudo, dar armas àqueles que vendem o próprio peixe. No Twitter, tudo o que você precisa fazer é lançar um número, e ele rapidamente criará filhos.

• *Os resultados tremendamente positivos que conseguimos alcançar.* Ele permanece vago, não são fornecidos detalhes sobre os resultados em questão, porque sua palavra basta. Isso ainda é reiterado um pouco mais abaixo, com *o nosso país está fazendo grandes progressos sob minha liderança.*

• *Não admira que a confiança na mídia nunca tenha sido tão baixa!* Ilustração de como funciona o pensamento mágico de Trump. Se ele diz, aquilo se torna realidade.

• *Não permitirei que nosso grande país seja vendido por haters anti-Trump da imprensa agonizante...* Isso é arte pura. Podemos criticar muito Trump (e não deixamos de fazê-lo, caso contrário você não estaria lendo este livro), mas devemos admitir que encontramos aqui todos os elementos da linguagem necessários para a manipulação de opinião: a princípio o elogio (*nosso grande país*), que o coloca em uma posição irrepreensível como patriota e efetivamente exclui dessa categoria todos aqueles que não concordam com ele (que volta a isso com *eu nunca deixarei de lutar pelo povo americano!*, repare: ao contrário da mídia que quer miná-lo). A acusação seguinte (*seja vendido*, o que, diga-se de passagem é exatamente – desculpe, EXATAMENTE aquilo de que ele é acusado no caso de conluio com a Rússia. Aqui, ele volta a acusação contra seus acusadores e o que funciona também com *não importa o quanto eles tentem desviar a atenção e escondê-la*, que é o que ele mesmo tenta fazer para escapar da justiça). A expressão *imprensa agonizante* implica que ela é ruim (caso contrário, não seria agonizante) e, ao mesmo tempo, participa de seu pensamento mágico (se eu digo, é porque é verdade – o que seria bom para os negócios do presidente).

• Em seguida, vêm as acusações específicas contra o *New York Times* e o *Washington Post* de Jeff Bezos. Trump odeia o *Washington Post*, que lhe concedeu três Pinóquios em 2015 por ter afirmado que ele previra em seu livro, lançado em 2000, os ataques de 2001 e a guerra ao terror que se seguiria. Desde então, o jornal continuou a revelar furos sobre as irregularidades da campanha de 2016 e o possível conluio entre a equipe da campanha de Trump e os russos. E ele odeia o *New York Times*, que acusa de publicar apenas artigos negativos sobre ele, as famosas *fake news*.

• Finalmente, *e nunca vão mudar!* é ao mesmo tempo uma acusação das mídias, cuja parcialidade o presidente censura, passando-se por vítima inocente (o que quer que eu faça, eles me odeiam), e uma condenação. Esses jornais são irrecuperáveis a seus olhos, então qualquer coisa pode acontecer com eles; certamente não será ele quem os defenderá (ele não hesita em colocar lenha na fogueira regularmente). A melhor ilustração disso tudo é o vídeo postado por seu filho Eric, gravado na Flórida durante uma reunião de Trump no final de julho de 2018. Nele se vê uma multidão de apoiadores de Trump vaiando um repórter da CNN por longos minutos e bradando «*cnn sucks! CNN sucks!*» («A CNN é uma merda!»). Esse vídeo chega a dar frio da espinha, porque a imagem de uma sala inteira gritando seu ódio contra um único homem de pé é um linchamento simbólico

– difícil não dizer que a fronteira entre o símbolo e os atos é tênue.

Parece-me essencial traçar um paralelo entre essa situação e uma outra, que apresenta Barack Obama durante a campanha presidencial de 2016, na qual apoiou Hillary Clinton, por ocasião de uma reunião em Fayetteville, na Carolina do Norte. De repente, no meio de um discurso, a multidão começa a vaiar alguém: trata-se de um apoiador de Trump, entre todos aqueles democratas convencidos, um velho cavalheiro usando o que parecem ser medalhas militares e que, totalmente sozinho, agita uma placa azul com uma borda vermelha na qual se lê «TRUMP» e «*Make America Great Again*».

O instinto gregário da multidão democrata, que não é mais moral que o de uma multidão republicana, a compele a começar a vaiar o senhor de idade, e toda a sala é posta contra um único homem. Nesse ponto, Barack Obama se zanga: «Parem! Em primeiro lugar, vivemos em um país que respeita a liberdade de expressão. Então… Segundo, ele parece ter servido nas forças armadas, e lhe devemos respeito por isso. Terceiro, é um homem de idade e devemos respeitar nossos anciãos. E quarto… não vaiem! Não vaiem! Vamos lá!». A multidão se acalma, e o velho senhor é escoltado até a saída com sua placa.

Trump acusa a mídia de ser «inimiga do povo americano» e, ao fazê-lo, utiliza um vocabulário de propaganda que lembra as ditaduras europeias do século XX, em que o inimigo do povo estava sempre por ser derrotado. Essa expressão foi particularmente apreciada por

Stálin, que, como todos sabem, não era gentil com seus inimigos políticos. Eis o que diz o relatório Krushev:

> Stálin está por trás da concepção de «inimigo do povo». Esse termo tornou automaticamente desnecessário comprovar os erros ideológicos do homem ou dos homens envolvidos em controvérsias; esse termo possibilitou o uso da repressão mais cruel, violando todas as normas de legalidade revolucionária contra qualquer pessoa, que, de qualquer maneira que fosse, discordasse dele; contra aqueles que eram apenas suspeitos de intenções hostis, contra aqueles que tinham má reputação. Esse conceito de «inimigo do povo» eliminou efetivamente a possibilidade de qualquer luta ideológica, de tornar conhecido o ponto de vista de alguém sobre essa ou aquela questão, mesmo aquela de natureza prática.

Em janeiro de 2018, o senador Jeff Flake, um republicano abertamente hostil às políticas de Trump, que decidiu não concorrer novamente em 2018 para expressar sua discordância, também se indignou: «É uma prova do estado em que se encontra nossa democracia, que nosso próprio presidente recorra a palavras usadas na memória sinistra de Joseph Stálin para descrever seus inimigos».

Stálin não inventou a expressão, já ouvida durante a Revolução Francesa e amplamente durante a Revolução Bolchevique, mas ajudou a divulgá-la e a usou para designar os bodes expiatórios da União Soviética. Não é por acaso que Trump escolhe o mesmo termo, ele que tem tão pouca instrução. Ele pouco sabe sobre a história de seu país e da Rússia, mas, aparentemente, ele ou os conselheiros que o recomendaram usá-lo sabem a que ponto o termo é significativo.

E funciona: a imprensa é vaiada durante suas reuniões, o próprio Trump transmite essas imagens em suas contas do Instagram e do Twitter, ele nunca perde a oportunidade de lembrar o quanto despreza os jornais, e pouco a pouco se desenvolve a ideia de que não se pode confiar na mídia que o critica, porque, além de inimiga de Trump, ela é inimiga do povo – ou seja, só trabalha por seu próprio interesse. Se Trump finalmente conseguisse calar seus críticos da mídia, haveria apenas uma versão dos fatos, e os Estados Unidos se encontrariam em uma situação na qual a oposição política não poderia mais existir, a não ser clandestinamente e em canais privados.

Não estou dizendo que Trump terá sucesso na empreitada – acredito que não, porque, mesmo que percam terreno, esses contrapesos ainda têm, na verdade, certo poder. Ao contrário do que acontece na Rússia, na Arábia Saudita e em outros países, os jornalistas americanos não são vítimas de «acidentes» ou balas perdidas. No entanto, se é tentador considerar o presidente americano um imbecil (às vezes sou a primeira a ceder a essa tentação), deve-se reconhecer que a manipulação por palavras é eficaz, que o matraquear das mesmas acusações contra as mesmas pessoas acaba deixando uma marca na mente do público. Se essa manipulação é consciente ou não, se esses esquemas para condenar contrapesos são desenvolvidos voluntariamente em gabinetes secretos ou não, isso não importa no final, desde que os danos sejam causados.

Os dois principais jornais odiados por Donald Trump adaptaram seus slogans em consequência dos ataques do presidente. O *Washington Post* escolheu «*Democracy dies in darkness*»[1] («O obscurantismo é a morte da democracia»), e foi ridicularizado por Dean Baquet, editor do *New York Times*, que o descreveu como «o próximo filme do Batman». O *NYT*, por sua vez, optou pela primeira vez em sete anos por fazer sua publicidade na cerimônia do Oscar em torno do tema da verdade, com uma conclusão chocante: «A verdade é hoje mais importante do que nunca».

---

1 Sim, *darkness* significa «escuridão», seu dicionário e você têm razão. Mas, nesse contexto, trata-se de apagar a luz da verdade e do conhecimento. Portanto...

Eu leio trechos

Um dos meus filhos é disléxico. A dislexia é um distúrbio cognitivo do qual se pode sofrer em graus variados e não tem absolutamente nada a ver com inteligência ou capacidade intelectual. Uma pessoa que é um pouco disléxica terá dificuldade em ler fluentemente, fará alguma confusão com certas palavras, mas não será necessariamente prejudicada do ponto de vista profissional ou pessoal. Uma pessoa muito disléxica, por outro lado, pode nunca ter acesso à palavra escrita. Não se trata apenas de confundir as letras ou de trocar o «b» pelo «p». Não sou fonoaudióloga nem neuropsicóloga, mas tenho um conhecimento empírico bastante avançado do fenômeno, por ter acompanhado ao longo de toda a escolaridade uma criança *muito* disléxica. Eis como ela se apresenta: quando meu filho lê um texto em voz alta, o que pode ser feito graças a vários anos de sessões de reeducação ortofônica, ele consegue localizar as letras e os sons que elas produzem quando estão uma ao lado da outra. Às vezes pode ser trabalhoso, mas é possível. Ele lê. Quando se depara com uma palavra que não conhece, é *muito* trabalhoso, mas continua sendo possível se ele retoma tranquilamente várias vezes. Portanto, é capaz de ler um parágrafo ou uma página inteira de um livro. Por outro lado, ele terá maior dificuldade em explicar o significado do que acabou de ler. Algumas palavras permanecerão em sua memória e, com base em seu raciocínio e conhecimento, ele bordará algo coerente em torno delas. Com a mobilização de toda a sua energia cognitiva para resolver a equação da «leitura», não resta o suficiente para ativar 100% da caixa da «compreensão».

Em contrapartida, se alguém lê para ele a mesma página de texto em voz alta, ele entende tudo e pode resumi-la sem problemas. A dislexia, nesse grau, é um pouco como uma divisória no cérebro: a pessoa pode ler *ou* entender, mas não as duas coisas *ao mesmo tempo*. Assim como você não pode engolir sua saliva e, simultaneamente, respirar pela boca, mesmo que seja excelente em respirar ou engolir.[1]

Uma vez feito o diagnóstico de dislexia grave, há duas soluções possíveis: aceitá-la ou revoltar-se. Se aceitamos, podemos implementar estratégias para contorná-la. Admitir que seu filho nunca lerá um livro e encontrar outras maneiras de lhe dar acesso a esse tipo de cultura. Meu filho lê com os ouvidos: quando não pede que membros da família leiam livros para ele, ouve-os graças aos audiolivros disponíveis hoje em dia em formatos variados e em uma série de obras literárias, clássicas e modernas (é preciso perseverança: o volume 5 de *Harry Potter*, por exemplo, tem trinta horas de leitura). Eu faço com que ele assista a filmes que

---

1 Concordamos que este é um tipo de caso. Dependendo do grau de dislexia, é mais ou menos possível ler e compreender simultaneamente.

o irritam, conto histórias sobre tudo e qualquer coisa, enfim, faço da vida dele um inferno tentando fazer entrar por seus ouvidos tudo o que creio que ele poderia descobrir com os olhos se tivesse um acesso «normal» à leitura.

Em situações cotidianas, ele compensa de maneira extraordinária: tem um senso de direção fora do comum, sabe montar qualquer móvel sem precisar ler o manual (que feliz coincidência) e tem um dom da palavra que parece divino. Ele tem uma excelente memória auditiva. Resumindo, ele compensa. Além disso, seu distúrbio de déficit de atenção (que costuma andar de mãos dadas com a dislexia) faz dele uma pessoa impulsiva, pronta a tirar conclusões e a perder rapidamente o interesse em tarefas que não escolheu executar. E, obviamente, tem muita dificuldade em se concentrar (esse é o princípio).

Pessoas com essa deficiência (pois é uma deficiência) sempre encontram uma maneira de compensar. Mais ainda quando não foram diagnosticados, quando sentiram a necessidade de escondê-la e sofreram por isso.

É claro que você percebeu aonde quero chegar. Não pretendo ter conhecimento suficiente nem sobre esse tipo de distúrbio nem sobre a saúde cognitiva de Donald Trump. Além disso, e todos os especialistas estão de acordo, não se pode diagnosticar alguém remotamente sem tê-lo visto, ouvido e examinado. Dito isso, não vejo por que deveria me privar de praticar um pouco de psicologia barata, fundamentada em minha experiência pessoal.

E também, apenas para aliviar minha síndrome de impostor, posso me apoiar em nada menos do que a American Psychoanalytic Association, que, em julho de 2017, enviou a seus membros um e-mail liberando-os da «Goldwater Rule», regra que impõe que jamais se diagnostique um paciente que não tenha sido examinado pessoalmente. Desde a eleição de Trump, ela tem sido objeto de um debate acalorado entre diversos especialistas em saúde mental. (Note-se que a American Psychiatric Association, por outro lado, declarou que permanece fiel a essa regra.)

Se essa controvérsia nasceu nesse exato momento, é porque muitos especialistas em saúde mental estavam se contorcendo em suas cadeiras, ardendo para alardear que o comportamento público do novo presidente os lembrava, de qualquer forma, algumas disfunções que talvez valesse a pena apontar. Se é possível, desejável, ético ou não, debater a condição mental do presidente americano, em última análise, não é o que mais importa. É certo que podemos levantar dúvidas, fazer psicanálise ou psiquiatria barata: o sinal mais revelador nessa história é que o debate tenha nascido naquele momento, e não sob o mandato de outro presidente.

Mas voltando aos meus botões: eu, que não sou profissional de problemas cognitivos, coloco aqui a hipótese de que Trump sofra não apenas de um distúrbio de déficit de atenção (o que explica por que ele tem dificuldade em se concentrar, por que não se atém aos temas em questão nos discursos, por que tuita de maneira impulsiva etc.), mas também que ele *talvez* sofra de uma ligeira forma de dislexia.

Foi uma gravação que me deixou com a pulga atrás da orelha. Trata-se de um depoimento filmado em junho de 2016, referente a um arrendamento, objeto de litígio com seu inquilino. A pessoa que conduz a entrevista, que deve ser a advogada da parte contrária, pergunta-lhe quantos contratos de locação como o que tem diante dos olhos ele leu durante sua carreira.

«Assinei ou li?», pergunta Trump.

«Leu», responde a mulher.

«Não muitos. Assinei centenas.»

Ele então explica que confia em outras pessoas, seus funcionários ou seus filhos, para isso. Ele assina com toda confiança. Bom. Que alguém que nunca assinou um contrato telefônico sem lê-lo de cabo a rabo atire a primeira pedra. A advogada pergunta se ele leu o trecho sobre danos e prejuízos. Ele diz que não. Ela pergunta se ele poderia ler esse trecho e lhe dizer o que entende. («Objeção, diz o advogado de Trump, o sr. Trump não é advogado.»)

«Você quer que eu leia?», Trump pergunta. «É longo. É muito longo.»

«É muito longo», admite a mulher diante dele.

Nesse momento, Trump levanta a folha, vira a página e diz:

«Eu não trouxe meus óculos. Não consigo… não trouxe meus óculos. As letras são pequenas demais.»

Em seguida, diz: «Eu posso descobrir mais ou menos do que se trata, você quer que eu tente?», e, quando a mulher se oferece para fornecer uma cópia do documento com uma fonte maior, já que ele não trouxe os óculos, ele prefere arriscar: «Vou fazer isso».

Ele lê por alguns instantes em silêncio, depois tenta resumir os parágrafos, com base, evidentemente, em algumas palavras que viu. «É uma cláusula complexa, mas é bem padrão.»

Além do absurdo de esquecer os óculos quando vai encontrar seu advogado, é óbvio que Trump usou todas as estratégias de evasão possíveis para não ler o texto que estava diante de seus olhos. Desde que os primeiros internautas lançaram a ideia de que o presidente americano não sabia ler, os exemplos não param de surgir na web: vemos o presidente, por exemplo, tendo a maior dificuldade para seguir os cânticos no missal durante a cerimônia de posse; afirmando repetidamente que detesta os teleprompters, que «não acredita neles»; afirmando que não escreve seus tweets de próprio punho, mas que os dita; e, se afirma que sua obra literária favorita é *Nada de novo no front*, também declara que não tem tempo para ler: «Eu leio fragmentos... leio... eu leio trechos, leio capítulos. Eu só... não tenho tempo», ele respondeu a uma repórter da Fox News, Megyn Kelly, que lhe perguntou: «Qual foi o último livro que o senhor leu? O senhor tem tempo para ler?».

Seu ghost-writer, Tony Schwartz, que escreveu *Trump, a arte da negociação* (1987), não mede palavras: «Trump não escreveu uma única palavra de *A arte da negociação* e duvido que ele tenha escrito uma linha dos outros livros que levam seu nome na capa», disse ao jornal *The Independent*. «Ele não lê livros e não escreve livros.»

Por que ele não lê? Oficialmente, porque não precisa disso para tomar as decisões corretas. Ele chega a elas «com muito pouco conhecimento além do que já possuo, além das palavras ‹bom senso›, porque tenho muito bom senso e tenho um grande talento para os negócios». No entanto, afirma que adora ler. Quando um repórter da Fox News lhe pergunta como ele gosta de relaxar ao final de uma jornada de trabalho, eis o que responde:

> Bem, você sabe, eu adoro ler. Aliás, estou vendo um livro agora, estou lendo um livro, estou tentando começá-lo. Toda vez que chego ao meio de uma página, recebo uma ligação porque houve uma emergência, isso ou aquilo. Mas vamos visitar a casa de Andrew Jackson[2] hoje no Tennessee e eu leio um livro sobre Andrew Jackson. Eu adoro ler. Eu não leio muito, Tucker, porque trabalho duro em muitas coisas, inclusive na redução de custos. Os custos em nosso país estão fora de controle. Mas muitas coisas ótimas acontecem conosco, muitas coisas extraordinárias acontecem conosco.

Se Trump menciona a biografia de Andrew Jackson é sem dúvida porque, quando era candidato, declarara não ter a menor necessidade de ler uma biografia presidencial, e deve ter ficado sabendo desde então que essa declaração poderia prejudicar sua imagem. Marc Fisher,

----

2 Sétimo presidente dos Estados Unidos, 1829-1837.

o repórter do *Washington Post* a quem ele disse isso, informou em julho de 2016 sobre o homem que na época era apenas um candidato improvável:

> O escritório de Trump está coberto de pilhas de revistas, quase todas com um retrato dele na capa, e todas as manhãs ele lê uma pilha de impressões de artigos de jornal falando sobre ele, que sua secretária traz à sua mesa. Mas não há biblioteca em seu escritório, nem computador em sua mesa de trabalho.

Trump não esconde o fato de que odeia textos longos: «Gosto de listas, ou de que haja o mínimo possível», ele confiou ao site Axios em janeiro de 2017. «Não preciso, veja bem, de relatórios de duzentas páginas sobre um assunto que pode ser tratado em uma página. Isso eu lhe garanto.» E os pequenos excertos também podem lhe causar dificuldades; como quando, em setembro de 2017, ele leu uma lista de países africanos aos quais agradecia pela visita oficial e inventou a «Nambia» – para a qual muitos internautas se apressaram em inventar uma capital «Covfefe». O que passou acima de tudo como uma prova do desprezo de Donald Trump pelos países africanos parece-me o erro de um leitor esforçado que tem dificuldades para ler e entender um texto ao mesmo tempo. Quando um disléxico lê uma palavra que nunca viu antes, seu cérebro não pode, simultaneamente à leitura, colocá-la no contexto e corrigi-la se estiver escrita de forma incorreta. Qualquer outro leitor sem uma determinada deficiência cognitiva teria corrigido

– *seu cérebro* teria corrigido, usando os mesmos mecanismos que o levam a reorganizar as letras de uma palavra que foram misturadas.

No entanto, Trump escreve muito – mais precisamente, é um tuiteiro frenético. Como ele próprio admitiu, dita parte de suas mensagens e para as outras pode, como todo mundo, confiar nos corretores ortográficos e nos softwares de reconhecimento de voz disponíveis em seus aparelhos. O que não impede que, às vezes, alguns erros escapem: «*We have enuf enemies*», ele tuitou em janeiro de 2015, escrevendo em fonética perfeita a palavra *enough* («suficiente»).

Exemplos de erros desse tipo ou estratégias de prevenção por parte de Trump são uma legião, e podemos legitimamente concluir que ele não gosta de ler, ou até mesmo, quem tiver a mente poluída como a minha, que ele tem dificuldades para ler, seja por ser disléxico ou por algum outro motivo.

E, finalmente, isso não importa, porque a leitura está longe de ser o único acesso à cultura. As técnicas a que temos acesso no século XXI – audiolivros, filmes, documentários, internet! – permitem compensar grande parte das lacunas que a falta de leitura criará. E não ler não significa ser incapaz de pensar, refletir, se educar e se instruir.

Cabeçudo?

Donald Trump é inculto. Seus interesses giram em torno de negócios e golfe. Ele mostrou suas falhas quanto à história de seu próprio país: «Mesmo durante as tensões da Guerra Fria, quando o mundo era muito diferente de hoje em dia, os Estados Unidos e a Rússia eram capazes de manter um diálogo forte», declarou em julho de 2018, ignorando décadas de conflito mais ou menos latente entre seu país e a União Soviética – pense na crise dos mísseis, no muro de Berlim, na Guerra da Coreia... Trump afirmou que, se Andrew Jackson estivesse lá, a Guerra Civil Americana poderia ter sido evitada porque «ele a teria visto chegando»[1] (essa insistência de Andrew Jackson na boca de Donald Trump sugere que ele se apega à única referência histórica da qual dispõe e que decidiu acomodá-la a

---

1 O que prova que ele tinha uma visão incrivelmente boa, uma vez que a Guerra Civil Americana estourou em 1861, ou seja, dezesseis anos após sua morte. Além disso, Jackson possuía escravos, trabalhou para a deposição completa dos índios do leste dos Estados Unidos e recusou-se a se posicionar sobre a escravidão – o que sugere a escolha que ele teria feito se precisasse escolher um lado durante a guerra que levou à abolição da escravidão no país. Só estou dizendo.

todos os tipos de situações). Na mesma noite, retificou a situação, escrevendo em um tweet: «O presidente Andrew Jackson, que morreu dezesseis anos antes do início da Guerra Civil Americana, a viu chegando e ficou furioso. Ele jamais teria permitido que ela acontecesse!». Mensagem indubitavelmente destinada a tranquilizar seus leitores sobre seus conhecimentos em cronologia histórica.

Ele também não é muito bom em geografia: «A Bélgica é uma cidade muito bonita», extasiou-se durante uma reunião em Atlanta, em junho de 2016. «Trump mostra uma terrível ignorância no que diz respeito ao estado do mundo atual, à história, aos compromissos americanos anteriores, ao que seus antecessores pensaram e fizeram», lamenta Geoffrey Kemp, ex-funcionário do Pentágono sob Ford e funcionário do National Security Council sob Reagan, na *New Yorker*.[2] O que o levou a cometer gafes diplomáticas do tipo: «O Líbano está na linha de frente na luta contra o EI, a Al-Qaeda e o Hezbollah» diante do primeiro-ministro libanês Saad Hariri (25 de junho de 2017), que deve ter apreciado a observação, uma vez que o Hezbollah faz parte do governo libanês há 25 anos (e, quando se é presidente dos Estados Unidos, supostamente deve-se sabê-lo). E que esse grupo estava lutando contra o EI e a Al-Qaeda no momento em que Trump cometia esse deslize. Ele também acusou

---

2 Robin Wright, «Why Is Donald Trump Still So Horribly Witless about the World», *The New Yorker*, 4 de agosto de 2017.

falsamente a Alemanha de dever grandes somas de dinheiro aos Estados Unidos por seus pagamentos à OTAN (ninguém paga aos Estados Unidos por isso). E declarou que a Coreia do Norte fazia parte da China, antigamente.[3]

No plano econômico, durante uma entrevista com Gary Cohn, presidente da Goldman Sachs, organizada em 30 de novembro de 2016 pelo genro de Trump para atualizar seu sogro quanto às principais tendências econômicas antes de ele assumir o cargo, «Cohn ficou consternado com a falta de compreensão básica» de Donald Trump, que acabara de lhe dizer que bastava «imprimir dinheiro» para não aumentar a dívida pública.[4]

O problema de um presidente que sabe tão pouco são as consequências de decisões tomadas levianamente às custas de seu país. O problema é que sua falta de cultura e sua escolha (ou não) de não ler nada, nem livros, nem briefings, nem relatórios, são a ponta do iceberg. Porque você pode se instruir e aprender

---

3 Para constar, essa falta de cultura parece contagiosa. Entre outros disparates, a Casa Branca escreveu o nome da primeira-ministra britânica Theresa May errado três vezes, omitindo o H. O que não é muito sério, você poderia argumentar, mas bastante anedótico quando se sabe que Teresa May sem H é uma atriz pornô.

4 Bob Woodward. *Medo: Trump na Casa Branca*. Trad. de Pedro Maia, Paulo Geiger, André Czarnobai e Rogerio Galindo. São Paulo: Todavia, 2018.

de outra forma que não seja por escrito. Nossa memória auditiva, se for suficientemente treinada, nos permite funcionar de maneira totalmente normal sem recorrer à leitura. Mas deve-se querer usá-la. No entanto, Donald Trump demonstrou claramente que não *queria* aprender. Ele acredita que sabe e acha que pode tomar suas decisões sozinho. O problema não é sua burrice, aliás não estou convencida de que ele seja tão burro assim; é o nível zero de curiosidade intelectual que ele demonstra. O problema é que, quando uma pessoa não se expõe à cultura humana, quando se priva da experiência dos outros, ela não tem acesso à reflexão, mesmo inconsciente, que a cultura engendra. A língua de Donald Trump gira em loop, assim como seus discursos, assim como sua reflexão e seu pensamento político, porque ele só confia em si mesmo para tomar suas decisões. Ora, outra desvantagem de se recusar a aprender, de saber mais, é que é também a experiência de outras pessoas que desencadeia os mecanismos da empatia. É preciso ter tido a experiência de diferentes pontos de vista para «sair de si mesmo» e adaptar seu pensamento a outras funções além daquelas com as quais estamos familiarizados.

Ao recusar qualquer tipo de aprendizado, Donald Trump se nega a ter acesso à empatia. Talvez isso explique por que ele não consegue se livrar dos clichês quando é confrontado com situações emocionalmente carregadas, como a morte de uma figura pública ou um grande massacre nos Estados Unidos. Essa recusa em aprender pode ser interpretada como manifestação de uma natureza limitada ou como consequência de um medo: de que suas falhas sejam notadas. Ninguém gosta de ser pego de surpresa, e é difícil admitir que você não sabia de uma coisa supostamente adquirida ou de notoriedade pública.

Nesse caso, Donald Trump tem uma maneira retórica de esconder sua ignorância. Quando ele aprende algo novo (não sejamos binários, acontece!), não diz: «Acabei de ficar sabendo que…». Ele inverte a situação, anunciando que ninguém sabe do assunto em questão e que ele irá revelá-lo a todos. O que geralmente dá em algo como: «Ninguém sabe…», «As pessoas não sabem…».

«Abraham Lincoln… a maioria das pessoas não sabe que ele era republicano… alguém sabe disso aqui? », ele lançou, em um jantar de angariação de fundos em março de 2017. Dado que estava diante de uma plateia… de republicanos, que às vezes gostam de se chamar de «partido de Lincoln», sim, podemos imaginar que eles estavam cientes. Essa intervenção lembra as pessoas que gostam de impressionar a galeria com anedotas que acabaram de aprender (eu faço isso o tempo todo; aliás, você sabia que a mãe de Verlaine conservava os fetos de seus abortos espontâneos em formol?). Citemos também: «Ninguém suspeitava que o sistema de saúde pudesse ser tão complicado». Então, novamente, sim, muitas pessoas suspeitavam um pouco, mesmo que não fossem especialistas. Por outro lado, Trump fez essa descoberta quando foi eleito e quis revogar o sistema criado por seu antecessor. «A França é o primeiro e mais antigo aliado dos Estados Unidos. Muitas pessoas ignoram isso», disse ele, ao lado do presidente Macron, quando visitou Paris em julho de 2017. O público francês apreciará a revelação. Finalmente, eis aqui um trecho de um discurso proferido pelo presidente americano em 5 de abril de 2018 sobre a China e os perigos comerciais que ela representa, um exemplo que eu adoro pela ironia que parece conter: «E nós temos nossa propriedade intelectual. Muitas pessoas não entendem o que isso significa».

E política externa, quem poderia imaginar que era tamanho balaio de gatos? Em entrevista ao *Wall Street Journal*, o presidente americano disse que, durante seu primeiro encontro com o presidente chinês Xi Jinping, ele descobriu que a China não poderia resolver o problema nuclear da Coreia do Norte: «Depois de ouvir por dez minutos, me dei conta de que não seria tão fácil. Eu claramente senti que eles tinham um poder enorme sobre a Coreia do Norte. Mas não é o que você teria pensado». Droga.

Último exemplo, Brexit: «Não acho que alguém suspeitasse que isso seria tão complicado a esse ponto... Todo mundo pensou que seria ‹Ah, é simples, aderimos ou não, ou veremos o que acontece›», disse Trump ao jornalista britânico Piers Morgan ao voltar de sua viagem à Grã-Bretanha.

Como um homem inculto e orgulhoso de sê-lo conseguiu chegar à Casa Branca? Podemos especular que essa é exatamente uma das razões de sua vitória? Desde sua eleição, Donald Trump manteve sua base de apoiadores leais, que continuam a vê-lo como o representante da América simples e humilde, a América que trabalha e tem seus empregos surrupiados por, à escolha: índios, chineses, mexicanos… A América industrial, a de fábricas que fecharam, América agrícola, que enfrenta dificuldades econômicas. Essa América não tem nada a ver com os intelectuais da Costa Leste, que a observam do alto de seus diplomas e lhe dão lições de moral enquanto degustam tofu orgânico sem glúten, bem acomodados em seus restaurantes vegetarianos.

Pois quem são os americanos mais revoltados desde a eleição de Donald Trump e, acima de tudo, por quê? Seus opositores (e grande parte do mundo ocidental) dizem que a antiga estrela dos reality shows toma decisões humanas, econômicas e científicas, a despeito do bom senso. Se estão escandalizados, é porque, por um lado, ele representa ideias políticas de extrema direita que eles rejeitam, mas também, e talvez sobretudo, porque é um ignorante alimentado com *junk food* e regado a refrigerante, que não sabe falar direito, não lê nada, fala em dinheiro o tempo todo, enfim, é um grosseirão. Como diz David W. Blight em seu site Freedom Center: «Em termos de analogias e entendimento de fatos históricos, nosso presidente parece até incapaz de cometer um erro de maneira razoável ou interessante».

A esquerda está furiosa porque Trump despreza todos os tipos de cultura e *ainda assim* sobrevive. Todos os debates, os artigos, os gritos de indignação contra o presidente americano vêm de cérebros ultrajados com o fato de que alguém possa ser (ou parecer) burro como uma porta e ser bem-sucedido mesmo assim, bem-sucedido a esse ponto. Trump, em cada uma de suas palavras, é a negação absoluta do Iluminismo reivindicada por toda uma parte da sociedade americana. E a coisa mais difícil de engolir é que essa esquerda pode muito bem se enfurecer, espernear, exibir a incompetência de Trump e de sua equipe, e nada o detém, nada parece atingi-lo.

A eleição de Trump para a esquerda não é apenas uma catástrofe política, é também uma derrota social. «America's Golden Age of Stupidity», foi o título do *Washington Post* em 25 de julho de 2017, em um artigo no qual David Rothkopf se indignava: «O oposto do saber é a ignorância. Mas o desprezo deliberado pelo saber – seja qual for o motivo – é a estupidez».

Sob outro ponto de vista, a eleição de Trump é de certa forma a vitória do *white trash*, esse povinho branquelo deixado para trás pela sociedade americana. Trump conseguiu se passar por um deles, apesar de seus edifícios de luxo nos quatro cantos do mundo, apesar de seus sinais externos de riqueza e de seu amor por tudo que brilha, apesar do fato de ter nascido em um berço de platina. Ele é rico, mas é o que esse povinho branquelo gostaria de se tornar, se tivesse condições. Além disso, ele fala como eles, fala sem rodeios e é a eles que se dirige. Que vingança deliciosa ele encarna diante de uma esquerda convencida de ser a elite intelectual e que esmaga os americanos médios com sua cultura e suas reflexões. Sim, a estupidez demonstrada por Trump, seu lado «basta querer para que as coisas mudem», seu nível zero de pensamento complexo, isso também diz respeito a todo um segmento da população que fervilha de impotência há muito tempo e não lê nem o *New York Times*, nem o *Washington Post*, que vive entre a Costa Leste e a Costa Oeste – e muitos, no Sul – e que, finalmente, acaba de encontrar um presidente que lhe dá a sensação de existir e de ter voz ativa.

A farsa chinesa

No início de sua presidência, Barack Obama disse ao *Washington Post*: «É preciso tomar decisões com base em informações, não em emoções». Esse axioma descreve o funcionamento inverso de Donald Trump, cuja presidência é regida principalmente pelo instinto e pela ciência ao sabor do vento. Por princípio, o presidente americano não confia em especialistas. «Eu converso comigo mesmo, acima de tudo, porque tenho um cérebro muito bom e falei muitas coisas», explicou ele no programa *Morning Joe*, na MSNBC, na primavera de 2016, quando questionado sobre quem eram seus conselheiros em política externa.

No campo científico, Trump também confia bastante em si mesmo. Há na Casa Branca um departamento de consultores científicos que, na época de Obama, consistia em nove pessoas. Esse departamento vem se esvaziando gradualmente desde a chegada de Trump, cujo governo tomou um grande número de decisões científicas livremente. Somente em agosto de 2018, mais de um ano e meio após a posse, o presidente por fim nomeou um consultor científico. O que significa que ele iniciou negociações de armas nucleares com a Coreia do Norte sem ter recorrido a aconselhamento especializado sobre o assunto. O mesmo vale para sua decisão de se retirar do Acordo Climático de Paris.

Sempre que neva em Nova York, Trump, que confunde clima e meteorologia, enxerga nisso uma prova de que o aquecimento global não existe. Em 2002, ele alarmou no Twitter que «foi provado repetidamente várias vezes que o aquecimento global é uma farsa».[1] No mesmo ano, ficamos sabendo que «o conceito de aquecimento global foi criado por e para os chineses a fim de tornar a indústria americana não competitiva».[2] Em 2013, ele lançou: «Tempestades de gelo atingem do Texas ao Tennessee – eu estou em Los Angeles e está superfrio. O aquecimento global é uma farsa enorme e muito cara!».

Desde que se tornou presidente, Trump tem sido consistente sobre esse assunto: ele cortou o orçamento da Agência de Proteção Ambiental (EPA, na sigla em inglês) e nomeou um negacionista para liderá-la (Scott Pruit, ex-lobista da... indústria do petróleo, que acabou renunciando à EPA após muitos escândalos financeiros e treze investigações federais contra ele, e que se dizia convencido de que o aquecimento global não estava ligado às atividades humanas). Um de seus apoiadores leais, Andrew Wheeler, com um estilo de vida menos ostentador, foi nomeado para o cargo em seguida, e também tem dificuldade em acreditar nas causas antrópicas

---

1 Sim, «repetidamente várias vezes», porque o original diz «*repeatedly over and over*». Não sou eu, é ele.

2 Tweet de 6 de novembro de 2012. Não insista, eu também não entendo.

do aquecimento global. «O fato é que o clima muda regularmente», ele disse em uma entrevista em 2006, em perfeita sintonia com seu novo chefe. Mesmo que tenha moderado seu comportamento desde a nomeação: «Acredito que o homem tenha um impacto no clima. Mas não entendemos completamente o que esse impacto representa».

Trump decidiu logicamente retirar os Estados Unidos do Acordo Climático de Paris, cujos signatários se comprometem a tomar medidas para reduzir as emissões de gases de efeito estufa para procurar regular o aumento das temperaturas. Na sequência, ele assinou um decreto sobre independência energética, dando um golpe de misericórdia no «Clean Power Plan» de seu antecessor, que previa o desenvolvimento de energias renováveis. Porque Trump tem um queridinho: carvão. «Temos [um suprimento de] 250 anos de magnífico carvão limpo», ele se extasiou em agosto de 2017 (e em janeiro de 2018, durante seu discurso no Estado da União: «Pusemos fim à guerra contra o magnífico carvão limpo»).

Trump, que não está um oximoro de distância, adora carvão limpo tanto quanto odeia turbinas eólicas assassinas. A seus olhos, a maior qualidade do carvão, além do fato de ser abundante em solo americano e permitir recriar trabalhos industriais que o progresso tecnológico, a consciência ecológica e, acima de tudo, seu odiado antecessor destruíram, está em nível particularmente alto em sua escala narcísica: ele é *indestrutível*. E ele prova: «Adoramos [o carvão da Virgínia Ocidental].

E, sabe, é um negócio indestrutível. Em tempos de guerra, em tempos de conflito, é possível detonar essas turbinas eólicas. Elas caem muito rapidamente. É possível detonar esses gasodutos. Eles simplesmente desaparecem e não dá para consertá-los muito rápido. É possível fazer um monte de coisas com esses painéis solares. Mas sabe o que não dá para estragar? Carvão». O que é de todo falso, mas isso é outra história. O interessante é que ele acredita nisso e o diz nesses termos.

No campo da energia, o binarismo semântico (e, podemos deduzir, intelectual) de Trump é particularmente aparente. Carvão é bom. É «limpo», «magnífico». E o que você diria que é ruim? Bem, ruins são as turbinas eólicas. Sim, sim. Trump apontou diversas vezes que as turbinas eólicas matam pássaros, e isso justifica que se faça oposição a elas (eu disse que ele não tinha empatia? Devo ter me enganado). Em 2016, ele ficou indignado na rádio: «Elas matam todos os pássaros. Eu não sei se você está ciente. Milhares de pássaros jazem no chão. E a águia. Sabe, em alguns lugares da Califórnia – elas mataram muitas águias. Sabe, você vai preso quando mata uma águia. E, no entanto, essas turbinas eólicas [as matam] às centenas». Em agosto de 2018, o presidente ficou novamente comovido com a situação: «[As turbinas eólicas] matam muitos pássaros. Você olha embaixo de algumas dessas turbinas eólicas, parece uma vala comum, esses pássaros». No entanto, a esperança não está de todo perdida, porque no mesmo discurso, na mesma sequência, Trump também disse que as turbinas eólicas eram extremamente vulneráveis e, portanto, nem um pouco confiáveis: «Bing! Uma a menos! [aqui ele evoca um potencial inimigo da América que derrubaria uma turbina eólica]. Enfim, se os pássaros não acabarem com ela primeiro. Os pássaros poderiam acabar com ela primeiro».[3] No mundo de Trump, os pássaros poderiam *acabar com* turbinas eólicas, certamente no contexto de uma vingança de hitchcockiana cujo contexto me escapa.[4]

Conclusão: «O carvão está indo muito bem», porque o carvão não é maricas como esses moinhos de vento, que o penado que se aproxima é capaz de derrubar. De acordo com a análise do governo americano, no entanto, as novas regulamentações do carvão podem causar, entre outras coisas, até 14 mil mortes prematuras a cada ano até 2030 devido ao aumento na produção de partículas finas ligadas às doenças cardíacas e pulmonares. Trump evidentemente não leu Cervantes, mas com toda certeza viu um ou dois filmes de Hitchcock, e mistura ficção e realidade.

....

3 Estes são trechos de um discurso proferido por Donald Trump em uma noite de angariação de fundos em 20 de agosto de 2018.

4 Deve-se notar de passagem que o governo Trump permitiu o repatriamento de troféus de caça da África, e, no Alasca, a caça de animais em hibernação, como lobos ou ursos-polares, sem dúvida porque, não havendo turbinas eólicas como predadores, eles correm o risco de proliferar perigosamente.

A mudança climática não é uma realidade na boca de Trump. Ou é uma realidade que depende dos interesses econômicos da América como ele os considera. É uma realidade *relativa*. Na «entrevista que mata» dada ao *NYT*, quando um jornalista perguntou: «O senhor acha que a atividade humana está ligada ou não [ao aquecimento global]?», eis o que ele respondeu: «Bem, acho que há uma certa conexão. Uma certa, alguma coisa. Depende de quanto. Também depende de quanto custará às nossas empresas. Você tem que entender, nossas empresas não são competitivas nesse momento».

Como Trump colocou na cabeça que o carvão salvaria a economia americana, e ele não pode ignorar que o carvão é uma energia altamente poluente, que contribui de modo amplo para o aquecimento global, decidiu apagar um dos problemas da equação e, dessa forma, resolver todos os outros. Ao contrário dos políticos mais «tradicionais», ele não é do tipo que investe em embromação. Ele decreta que *não há aquecimento global* e, num passe de mágica, o aquecimento global desaparece. Ele decreta que o carvão é limpo e o problema está resolvido. E é aí que recaímos numa espiral orwelliana: no outono de 2017, a EPA, que é o equivalente ao Ministério do Meio Ambiente, *apagou* todas as referências a «mudanças climáticas» de seu site, na grande tradição dos governos totalitários, segundo a qual o que não nomeamos não existe. O site da EPA também suprimiu páginas que detalhavam os riscos das mudanças climáticas e as abordagens adotadas por diferentes Estados para lidar com ela.

No momento em que escrevo este livro, o link «glossário da mudança climática» do site da EPA leva a uma página que diz: «Esta página está sendo atualizada».

Eu, engraçado e malvado

Ao presidente americano não falta humor. Ao longo de suas dezenas (centenas?) de intervenções públicas, ele teve inúmeras oportunidades de demonstrá-lo. Para o apresentador de rádio Hugh Hewitt, por exemplo, que o lembrou que ele prometera no ar liberar sua declaração de imposto de renda, disse: «É verdade. Só que tão poucas pessoas escutam o seu programa, então essa é a boa notícia». Ou durante um comício, quando um bebê começou a chorar, Trump tranquilizou a mãe: «Não se preocupe, não tem problema. É um bebê muito bonito, não se preocupe. Mãe vive correndo, é assim mesmo... Não se preocupe. Ele é novinho, bonito e saudável, e é isso que queremos», mostrando uma empatia bem pouco habitual. Mas o bebê não se acalmou, e momentos depois Trump fez uma pausa no meio de uma frase para dizer: «Na verdade, eu estava brincando. Você pode levar o bebê lá para fora. [...] Acho que ela realmente acreditou em mim, que eu estava gostando de ter um bebê chorando enquanto eu falava». É indelicado, mas é engraçado (exceto para a mãe do bebê, é claro).

Outro exemplo que é facilmente encontrado na internet se combinamos as palavras «Trump» e «*funny*». Em um debate da Fox News, a jornalista Megyn Kelly o lembrou:

«Você chamou mulheres das quais não gostava de grandes vacas, cadelas, preguiçosas e animais nojentos. Sua conta no Twitter…». Trump a interrompeu para responder, hilário: «Somente Rosie O'Donnell!».[1]

Citemos enfim o dia em que Trump zombou publicamente do depoimento de Christine Blasey, uma pesquisadora que acusou o candidato à Suprema Corte Brett Kavanaugh de agressão sexual, parodiando-a e ridicularizando-a (com um certo talento para atuar, deve-se reconhecer), diante de uma assembleia hilária.

Todas essas projeções têm algo em comum. Elas se encaixam em um tipo muito específico de humor: o humor agressivo.

Como parte de suas pesquisas sobre o papel do humor no bem-estar, Rod Martin, professor e pesquisador em psicologia na Universidade de Western Ontario, definiu quatro categorias de humor: o humor associativo (aquele que é compartilhado em sociedade), o humor que visa a melhorar a autoimagem (mais egocêntrico), o humor agressivo (que afeta os outros) e o humor autodepreciativo. Se todos podem recorrer a cada um desses tipos de humor em diferentes níveis, dependendo das circunstâncias, todos temos uma característica dominante. Rod Martin considera as duas últimas formas de humor a manifestação de um certo desajuste, sobretudo a forma agressiva, que Donald Trump demonstra tremendamente.

---

[1] Atriz americana bastante envolvida na luta contra Donald Trump, que disse sobre ela: «Ela fala como um caminhoneiro». Adivinhe o porquê.

Ela consiste em prejudicar o outro com o pretexto de fazer rir. Todos nós conhecemos alguém que se especializou em despejar um monte de asneiras, capazes de levar seu interlocutor à beira das lágrimas ou a uma reação de defesa agressiva, e que se justifica dizendo que «está tudo bem, é para rir, não se pode mais dar risada então? Você não tem mesmo nenhum senso de humor!».

René Proyer, professor de psicologia clínica da Universidade de Zurique, diz que o uso sistemático desse tipo de humor é característico de pessoas que têm comportamento antissocial, demonstram impulsividade, egocentrismo e falta de remorso. «O limite é quando se aceita deliberadamente magoar os outros para ser engraçado. Não é mais do riso compartilhado entre amigos que estamos falando aqui, mas de uma estratégia para estabelecer dominação e esmagar os outros.»[2]

Quando Trump faz piadas, elas são sempre fáceis de entender e de traduzir: ele permanece no domínio superficial, e, quando há subentendidos, são tão claros que não é necessário pensar demais para compreendê-los. Deliberada ou restrita, essa forma de humor não é considerada muito sutil.

Trump é capaz de outra forma de humor: quando ele não pretende nocautear um oponente ou detrator, utiliza-o para se gabar ou trazer o foco da conversa de volta para si. Durante a famosa entrevista ao *New York Times*, um

---

2 «Le rire mauvais: quand l'humour devient nuisible», *Le Monde de l'intelligence*, nº 30, abril-maio 2013.

jornalista pediu que ele falasse sobre o aquecimento global, porque o futuro presidente tem campos de golfe à beira-mar, portanto está interessado. E Trump responde com uma piada: diz que, em última análise, para alguns de seus campos, como o de Doral, por exemplo, as consequências das mudanças climáticas serão bastante benéficas – porque ele acha que está um pouco longe demais do mar…

David Litt, antigo redator dos discursos de Obama, começou a escrever no *New York Times* em setembro de 2017 para manifestar a preocupação que o senso de humor de Trump lhe causa. Se ele também percebe que Trump só é capaz de fazer piadas em detrimento de outros, aponta um fato que o incomoda bastante: Trump nunca ri. Ele diz que pesquisou e encontrou apenas uma ocorrência pública de risos presidenciais. Durante um comício de campanha, um cachorro começou a latir e um espectador exclamou: «É Hillary!». Então Trump deu uma gargalhada.

Trump é também o primeiro presidente, desde Ronald Reagan, em 1981,[3] que se recusa a participar do jantar de correspondentes de imprensa na Casa Branca, uma missa solene anual em Washington, na qual o presidente faz um discurso repleto de piadas e sarcasmos que não poupam ninguém, e na qual o presidente

---

3   Ele tinha uma desculpa concreta: acabara de escapar de uma tentativa de assassinato. Ao entrar na sala de cirurgia, antes de ser anestesiado, olhou para os médicos prestes a operá-lo e disse: «Espero que vocês sejam todos republicanos!».

Obama se destacou em particular. Se alguém acha que a hostilidade permanente de Trump à imprensa é uma de suas principais motivações, é evidente que o exercício seria complicado para ele – por um lado, porque seria necessário *ler* um discurso pontuado de piadas e não arriscar muita improvisação, para não se dar mal (no entanto, sabemos a que ponto Trump é relutante à leitura), mas também porque, para ser engraçado, é preciso flertar constantemente com os limites da decência ou da zombaria, sem jamais cruzá-los. Só que Donald Trump não é de todo idiota: ele tem perfeita ciência de que esse tipo de exercício o colocaria em uma situação vulnerável. Não há nada pior do que contar piadas que não fazem ninguém rir. Sobretudo quando sabemos que o público se apressará em repassar a informação.[4]

E depois há todos aqueles momentos em que Trump foi engraçado, involuntariamente. Quando se considerou um gênio. Quando disse que tinha «um grande respeito pelas mulheres». Ou ainda: «O que é bonito em mim… é que sou muito rico». Quando disse que o furacão Florence, que atingiu a Carolina do Norte e a Carolina do Sul em setembro de 2018, seria «terrivelmente grande e terrivelmente úmido»,

---

4   Outro motivo que poderia explicar a hostilidade de Trump a essa conferência anual: durante o ano de 2011, após a confusão que Trump causou sobre a nacionalidade de Obama, este o ridicularizou violentamente diante de toda a sala com muito humor. Diz a lenda que foi essa humilhação que fez Trump decidir concorrer à Presidência.

antes de confirmar, posteriormente, que foi de fato «um dos mais úmidos que já vimos, do ponto de vista aquático». Eu tenho uma ponta de preferência por sua explicação meteorológica do dia de sua posse: iria chover e Deus disse a si mesmo que não, decididamente, não seria uma boa hora. «Estava quase chovendo. Mas Deus olhou para baixo e disse: ‹Não vamos deixar chover sobre o seu discurso›.»

E Deus, no meio disso tudo

Trump de fato tem um relacionamento muito especial com Deus. Como todos os americanos, você poderia dizer. Para os franceses apegados à separação entre Igreja e Estado, a ideia de ver Deus mencionado nas cédulas, nos tribunais e invocado incorretamente em discursos políticos é algo insólito. Como quase todos os presidentes antes dele, Trump jurou sobre a Bíblia – sobre duas Bíblias, na verdade: a sua e a usada por um republicano proeminente antes dele, Abraham Lincoln, também escolhida por Obama em 2008. Se o juramento é obrigatório quando da cerimônia de posse, a Constituição americana não exige que ele seja feito sobre uma Bíblia. Foi o primeiro presidente, George Washington, que lançou a moda. Em 1825, John Quincy Adams foi o primeiro a jurar sobre um livro de direito e não sobre uma Bíblia (ele também foi o primeiro a prestar juramento de calças compridas e não de calções, um vanguardista sem dúvida). Em 1901, Theodore Roosevelt prestou juramento após o assassinato do presidente McKinley, e ninguém conseguiu encontrar uma Bíblia para a cerimônia de posse, que durou ao todo dez minutos e aconteceu na casa de um amigo de Roosevelt. Finalmente, Lyndon B. Johnson, que fez o juramento em caráter de urgência a bordo do Air Force One após o assassinato de Kennedy, o fez com sobre um missal católico encontrado em uma mesa de cabeceira do avião.

Se Trump se submeteu à tradição, no entanto se esqueceu de uma. Omarosa Manigault Newman, diretora de comunicações da Casa Branca deposta que escreveu um livro ferino sobre Donald Trump, disse que ele pretendia usar uma obra muito diferente para prestar juramento na cerimônia de posse: seu próprio livro, *A arte da negociação*. «É o maior livro de negócios de todos os tempos», ele teria dito a sua ex-funcionária. «É assim que vou fazer grandes negócios para o país. Pense em quantos exemplares eu venderia – talvez uma edição comemorativa da posse?»

Era só uma piada, que fique claro…

Cheio de gratidão pela ideia de que seu best-seller teria seu lugar privilegiado garantido durante a cerimônia de posse do presidente, parece que Deus decidiu, portanto, agradar a Trump e suspender a chuva para a ocasião.

A existência do relacionamento entre Trump e Deus é evidente, mas sua forma não é tão clara. Se Deus está obviamente do lado de Trump, às vezes é questionável se o presidente americano o assume. Seu lado megalomaníaco, o prazer evidente que ele extrai do poder e sobretudo as qualidades que atribui a si mesmo parecem de fato pertencer à divindade.

Sua propensão a confiar mais em convicções do que na ciência, o fato de que cria uma realidade, um mundo «alternativo» que obedece às suas próprias regras, de que basta nomear a realidade para que ela exista, de que se convença de saber mais coisas do que todos os outros sem precisar aprendê-las («eu sei mais sobre o Estado Islâmico do que os generais, acredite», garantiu, em outubro de 2016) sugerem que sua tendência megalomaníaca beira a aspiração divina. Além disso, «ninguém ama a Bíblia mais do que eu», disse ele durante a campanha. Ninguém «constrói muros melhor» do que ele também, ninguém «entende melhor os horrores da energia nuclear», e assim por diante.

Se você tiver a oportunidade, assista na internet à sessão pública de oração organizada no Salão Oval da Casa Branca em 1º de setembro de 2017, após o furacão Harvey. Nela, vemos Trump sentado à sua mesa, com os olhos baixos e as mãos cruzadas em uma posição de humildade (sim, sim), e atrás dele um grupo de pastores que o tocam com uma mão, como discípulos ao redor do Messias. Um deles, em uma oração que dura alguns minutos, agradece ao Senhor por ter lhes dado Trump como presidente.

No Dia Nacional de Oração (instituído pelo Congresso em 1952), em maio de 2018, Donald Trump observou que, desde que se tornou presidente, o termo «*under God*» tem sido usado muito mais do que sob Obama («sob a autoridade de Deus», uma referência religiosa adicionada em 1954 ao juramento de lealdade à bandeira americana para «fortalecer constantemente as armas espirituais que serão para sempre o recurso mais poderoso da herança e do futuro da América em tempos de paz e guerra», entenda: nós, ao contrário dos comunistas, temos Deus do nosso lado, porque acreditamos nele).

A expressão «Feliz Natal», que, segundo ele, tendia a desaparecer («Você notou a grande diferença entre agora e dois ou três anos atrás?»), também estaria saindo com mais frequência da boca dos americanos. Nesses momentos, Trump assume o papel de mensageiro do Senhor, daquele que defende sua mensagem na Terra – postura que vem fortalecer posições como sua defesa dos *pro-life*, esses poderosos detratores do aborto que vêm ganhando terreno nos Estados Unidos. Além disso: «Nada é mais poderoso que Deus», ele achou útil recordar no mesmo dia, caso houvesse uma porta aberta de uma igreja para ser derrubada.

Com Ronald Reagan, os Estados Unidos já haviam levado um ator ao poder. Desta vez, ele é uma estrela de reality show, ex-apresentador celebridade do programa *O aprendiz*. A premissa do programa, organizado e produzido por Donald Trump, era colocar duas equipes de jovens empreendedores em competição, dar-lhes uma missão e eliminá-los um a um até restarem apenas dois, que Trump ficava feliz em desempatar. Ao último concorrente era oferecida uma posição executiva sênior em uma das empresas Trump. Além do fato de que os participantes eram incentivados a se detonarem mutuamente para permanecer o maior tempo possível na competição, a parte mais emocionante do programa era a execução simbólica dos participantes, ao vivo, com um peremptório e assassino: «*You're fired!*», desferido por um Trump em posição de poder supremo, entronizado em uma grande poltrona vinho, a meio caminho entre o Deus sacerdote e o rei absoluto.

«Você está demitido»: durante o primeiro ano de sua presidência, Trump, que se tornara o maior dos chefes, continuou a desempenhar a força superior e a demitir todos aqueles cujas atividades (as cabeças?) não se voltavam para ele. Em abril de 2018, pouco mais de um ano depois de entrar na Casa Branca, Trump viu partirem nada menos que 22 altos funcionários, dos quais cinco foram «demitidos» e os demais renunciaram. O caso mais notável foi James Comey, diretor do FBI, demitido por Trump enquanto investigava a possibilidade de vínculos entre a antiga equipe de campanha do presidente e a Rússia. Nada o agrada tanto quanto estar em posição de decidir sobre a vida ou a morte simbólica daqueles ao seu redor, ou mesmo da humanidade como um todo. E, não tão simbólico quanto isso, para reflexão: durante seu confronto com o líder norte-coreano Kim Jong-un, na época em que a hostilidade entre eles ainda não tinha dado lugar ao «amor», ele não hesitou em se vangloriar: «Eu também tenho um botão nuclear, mas é muito maior e mais poderoso do que o seu, e meu botão funciona!».[1]

---

1 Ficamos tentados, quando Trump se orgulha do tamanho de seus atributos (de poder), a vê-los como símbolo de uma exibição desesperada de sua virilidade. Como quando ele disse que tinha «mãos grandes e bonitas. Olhe para estas mãos!». Ou na coletiva de imprensa de 26 de setembro de 2018, quando declarou: «A China tem total respeito por Donald Trump e pelo cérebro... muito, muito grande de Donald Trump».

O que ele não diz

Trump não fala o tempo todo. Ou melhor, ele fala, mas há coisas que não diz. E o não dito de Trump ainda é Trump.

Por exemplo, ele não diz palavras complicadas. Ele não desenvolve frases complexas. (Nem sempre foi esse o caso. De acordo com a *The Atlantic*, suas habilidades de oratória se deterioraram consideravelmente. O periódico cita Ben Michaelis, um psicólogo especialista em linguagem, segundo o qual Trump demonstra «uma redução acentuada na sofisticação linguística ao longo do tempo», com «escolhas de palavras e estruturas de frases mais simples». De acordo com a revista, isso poderia ser, como no caso do ex-presidente Reagan, prenúncio do mal de Alzheimer.)[1] Ele não cita os grandes autores. Ele não faz piadas de duplo sentido.

Ele também não pede desculpas. Nem por ter tirado sarro do herói americano John McCain por ele ter sido capturado durante a Guerra do Vietnã. Nem por ter tratado os mexicanos como estupradores. Nem por ter chamado os países africanos e o Haiti de países de merda. Nem por ter zombado de um jornalista com deficiência. No entanto, não

---

1 James Hamblin, «Is Something Neurologically Wrong with Donald Trump?», *The Atlantic*, 3 de janeiro de 2018.

se pode suspeitar que ele não saiba o que são desculpas: ele próprio nunca deixou de exigi-las. «As *fake news* nunca foram tão numerosas. Onde estão suas desculpas por todos os seus artigos falsos?» (13 de junho de 2017). Até o momento, ele se desculpou duas vezes, e em cada uma delas ficou muito claro que não quis dizer uma palavra; uma vez foi por necessidade e outra para transmitir uma mensagem política. A primeira data do final de sua campanha presidencial, após a publicação do vídeo em que o ouvimos dizer que agarra mulheres pela boceta: «Eu disse, eu estava errado e peço desculpas», disse ele em outro vídeo. Antes de explicar que ele é, na verdade, um cara muito legal. Ao contrário de Bill Clinton, que «realmente agrediu mulheres e Hillary assediou, atacou, humilhou e intimidou suas vítimas». Desculpas que foram perfeitamente suficientes para que ele fosse perdoado pela parcela de seu futuro eleitorado, que poderia ter ficado chocado com suas palavras.

A segunda vez ocorreu em outubro de 2018: após a confirmação pelo Senado de Brett Kavanaugh como juiz da Suprema Corte dos Estados Unidos, e após semanas de tensão na sociedade americana em torno das acusações de agressão sexual contra o futuro juiz, Trump, que já havia declarado que confiava em Kavanaugh e em outros republicanos porque «nunca os vira fazer algo errado»,[2] pediu

---

2   Coletiva de imprensa de 26 de setembro de 2018, em resposta à questão de uma jornalista que lhe perguntou por que ele sempre concedia o benefício

desculpas publicamente a ele «em nome de nossa nação» durante sua cerimônia de posse. «O senhor, após uma investigação histórica, obteve provas de sua inocência», após uma «campanha de destruição política e pessoal baseada em mentiras e falsidades».

Subtexto: Todas essas mulheres que acusaram Kavanaugh são mentirosas. Evidentemente, essas desculpas não são sinceras, elas são uma maneira de Trump se vangloriar às custas de algumas das pessoas que ele mais odeia: as mulheres que se queixam da violência que sofrem e a mídia que divulga essas queixas. Se Kavanaugh era inocente ou culpado, isso não tinha a menor importância: com essa paródia de desculpas, fortalecida pela eleição do novo juiz pelo Senado, que equivale a uma absolvição total, Trump exultou e fez piada com todos aqueles que não concordam com a verdade que sai da sua boca e da de seus apoiadores.

Outro silêncio ensurdecedor: o que ele manteve em 2017, após os acontecimentos em Charlottesville. Em 12 de agosto, durante uma manifestação de supremacistas brancos contra a derrubada de uma estátua do general Lee, um famoso confederado da Guerra Civil Americana, um deles avançou com seu carro contra a multidão de manifestantes, ferindo dezessete pessoas e matando uma mulher de 32 anos, Heather Heyer. Após essa tragédia, Trump organizou uma coletiva de imprensa na

---

da dúvida apenas aos homens, e nunca às mulheres que os acusavam.

qual condenou «essa manifestação ultrajante de ódio, fanatismo e violência de vários lados. De vários lados». Para grande indignação de boa parte da América, ele não condenou os supremacistas brancos por trás da manifestação.

Diante dos protestos que esse silêncio suscitou, depois de dois dias – dois dias! – ele deu uma declaração condenando o racismo, os supremacistas e a Ku Klux Klan. «O racismo é mau» («*Racism is evil*»), ele declarou, sem medo de correr o risco de ir longe demais no lugar-comum.[3] Mas o lobo não perde o pelo: alguns dias depois, durante uma conversa com jornalistas, ele não pôde deixar de especificar que os supremacistas brancos tinham autorização para se manifestar, diferentemente dos demais manifestantes, e que havia «pessoas muito boas» dos dois lados.

Esse silêncio, interpretado como uma recusa de tomar partido contra os neonazistas, é uma mensagem clara da parte de Donald Trump. Se as traduzirmos para um contexto europeu, sua política e suas posições correspondem à extrema direita (xenofobia, isolacionismo, pena de morte, designação sistemática

....

3 Segundo Bob Woodward (*Medo: Trump na Casa Branca, op. cit.*), foi seu conselheiro Rob Porter que o convenceu a falar novamente para condenar os atos racistas. Trump teria se deixado convencer, mas teria dito posteriormente: «Esse foi o maior erro que já cometi. Nós não fazemos essas concessões. Nós não pedimos desculpas. A princípio eu não fiz nada de errado. Por que me passar por fraco?».

do estrangeiro como bode expiatório, recusa de qualquer sistema supranacional, admiração ostensiva do pulso firme dos ditadores em exercício, parece até uma refeição em família na casa dos Le Pen). A *alt-right* americana, aliás, tomou partido dele e usou sua eleição em 2016 como trampolim para ocupar um lugar especial no discurso político diário da Estados Unidos. É feio dizer, mas os Estados Unidos são governados por um homem que, em nosso critério europeu, é o que os menos educados chamariam pura e simplesmente de fascista.

Para acabar com Donald Trump

Muitos de seus oponentes sonham em se livrar de Trump com um fervor tão intenso quanto impotente. O impeachment, procedimento de deposição estabelecido para destituir o presidente americano em exercício, é uma esperança acalentada por muitos democratas. Em meados do mandato, no momento em que este livro é escrito, nada sugere que esse procedimento possa ser justificado. E isso não importa muito.

Porque, no final, não é Donald Trump o problema. E sua língua, sua maneira de falar ou não falar, sua linguagem mais ou menos grosseira ou rebuscada é apenas a ponta minúscula que esconde um gigantesco iceberg descoberto no dia em que os peregrinos de *Mayflower* desembarcaram e começaram seu trabalho de destruição/reconstrução à custa de genocídio e de proselitismo implacável.[1]

A responsabilidade é coletiva. Se a língua de Donald Trump reflete perfeitamente tanto

---

1 Porque sim, simbolicamente, os Estados Unidos foram fundados sobre essa base. Os primeiros colonos eram puritanos que fugiam da perseguição na Europa e que encontraram no Novo Mundo, além de, muitas vezes, uma morte brutal, um meio de perseguir em nome de uma moral religiosa cujos traços são ainda muito fortes hoje em dia.

sua maneira de pensar quanto sua política, tingida de grosseria, de misoginia, de racismo, de absoluta falta de empatia e de ganância, ele é produto de seu tempo e de sua sociedade. Os Estados Unidos, quando olham para seu presidente, veem-se em um espelho que eles acreditam distorcer a imagem, mas que reflete uma realidade que eles desejam ocultar há tempos e que está em vias de voltar-se contra eles.

O sonho americano nunca passou de um *sonho*. O slogan de Trump, «*Make America Great Again*», explora uma fantasia que nunca deveria se tornar realidade, e que foi usada por outros candidatos à presidência antes dele. As melhores promessas dos Estados Unidos sempre foram motivadas por aspirações bem menos brilhantes do que aquelas que a mitologia histórica quer que acreditemos. Ah, não se trata de um privilégio dos Estados Unidos: nós, na França, que entoamos louvores à república democrática, invocando a intocável Revolução Francesa e outras proezas napoleônicas, nos apressamos em esquecer ou em não tomar conhecimento de que os grandes avanços históricos, dos quais tanto nos orgulhamos, sempre foram, por um lado, banhados em sangue e, por outro, liderados principalmente por indivíduos que colocaram seu interesse (econômico e político) na frente do interesse da comunidade, mas que descobriram como apresentar suas ideias com habilidade para que todos acreditassem que poderiam se beneficiar delas.[2] Nos

---

2   Tomemos nossos símbolos mais comuns de orgulho nacional: a Revolução Francesa foi um

Estados Unidos, país construído com o sangue de índios, africanos e dos pioneiros a quem foi prometida a Lua, o sucesso de uma minoria ocupou a imaginação nacional e obscureceu as misérias de toda uma parcela da população. Certamente, os Estados Unidos foram o país daqueles que puderam obter sucesso partindo do nada; como são testemunhas os Rockefeller, os Carnegie e outros Bill Gates. Mas também foram o país daqueles que chegaram com a cabeça cheia de sonhos e fome no estômago, e que não encontraram nenhum ouro, petróleo ou ideia de gênio. O país do povinho branquelo, dos *white trash*, dos índios encurralados nas reservas, dos escravos e seus descendentes, dos negros vítimas de segregação, linchamento e hoje em dia de um racismo que não quer desaparecer.

O sonho americano passou batido por muitíssimos homens e mulheres, apesar de uma iconografia nacional repleta de símbolos distorcidos e enganosos. Ao lado dos peregrinos que vieram em busca da paz religiosa, dos colonos que atravessaram alegremente as grandes planícies em suas carroças cobertas (olá, Laura Ingalls), dos salões de western nos quais cantavam garotas nada tímidas e dos soldados que saíam para beijar lindas francesinhas na Libertação, a realidade é que os peregrinos, quando não morriam de fome ou de doença,

---

negócio sujo, do ponto de vista de vítimas inocentes, sem mencionar o episódio do Terror. Quanto a Napoleão, era um louco consumido pela ambição de conquistar a Europa.

massacravam os índios (que fizeram o possível para revidar na mesma moeda, mas sabemos bem quem acabou vencendo), que os colonos a quem o governo fazia promessas mirabolantes de expulsar mais rápido os índios de suas terras e permitir que as ferrovias se expandissem descontroladamente morreram de fome e exaustão aos milhares, empurrando a fronteira em direção ao Oeste, quando não eram escalpelados antes, que a sangrenta Guerra Civil Americana, depois de finalmente libertar os escravos, também levou à criação da KKK e de leis segregacionistas, que os soldados valentes acabaram morrendo no Vietnã e que ainda não sabemos muito bem por quê, ao certo…

Visão binária da história dos Estados Unidos, versão simplista de um período muito mais complexo, você é que me dirá. Talvez, mas é justamente essa a visão proposta nos Estados Unidos de hoje. «Make America Great Again» é um convite para voltar a um passado que nunca existiu, para viver nesse mundo maniqueísta ao qual se refere o discurso binário de Donald Trump e dos Estados Unidos como um todo, tanto de um lado quanto do outro.

Diante desse retrato de Dorian Gray, os Estados Unidos se apegam com toda a força à venda que os cega. Enquanto eles se recusarem a nomear a origem de seu mal, enquanto não abrirem mão de um passado que valorizam e que se tornou intocável, não serão capazes de se livrar da atonia em que estão atolados desde a eleição de Donald Trump, e da qual o presidente é apenas um símbolo.

Porque, depois dele, poderá vir outro. O mal-estar não se deve a um único homem. O estrago está feito, e agora tudo se tornou possível: Trump *não é* um acidente na história americana. Não poderemos esquecê-lo quando ele não estiver mais no poder: ele deixará sua marca não apenas nas políticas que terá iniciado e nos juízes da Suprema Corte que terá indicado, mas na sociedade como um todo, que assume coletivamente a responsabilidade de tê-lo levado ao poder – aqueles que votaram nele acima de tudo, mas também as gerações de administradores que o precederam e prepararam o terreno. Assim como as ditaduras se baseiam em um sistema, os Estados Unidos fundamentaram seu 45º presidente em uma montanha de negação, e essa negação ocorre antes de tudo e sobretudo por meio da comunicação, do discurso e da língua.

Pois Trump não é o maior problema dos Estados Unidos. Guardião da ordem moral, superego simbólico de um país inteiro, o presidente deve ser um modelo, mas também o parâmetro pelo qual a moralidade de uma nação é medida. Quando o presidente fica indignado com um ato de ódio, todos os Estados Unidos se levantam. Mas, quando ele prefere permanecer em silêncio, ou pior, incentivar implicitamente a violência, seja ela institucional ou privada, então é como um cheque em branco concedido aos desequilibrados e aos cidadãos cujos instintos mais baixos e mais violentos estavam até então reprimidos pela consciência de que seus atos agressivos seriam condenados pela mais alta autoridade do Estado e, portanto, por toda a sociedade. Como diz Jacques Généreux em *L'Autre société* [A outra sociedade]:

> Nos seres humanos, a regulação da agressividade não é genética, mas social: consiste em ritos e hábitos transmitidos pela educação. Os comportamentos violentos e antissociais manifestam, portanto, uma deficiência no aprendizado sobre o limite e a lei; eles também podem resultar de uma deficiência em relação à cultura, às convenções e às instituições que estabelecem e legitimam proibições, ou ser agravados por elas.[3]

Ora, a violência do idioma de Trump e daqueles que o representam pode ser considerada uma legitimação da ação daqueles que estavam, antes do advento de Trump, no limite desses comportamentos violentos e antissociais. Essas pessoas e esses comportamentos sobreviverão ao(s) mandato(s) de Trump e deixarão uma marca duradoura em todos os estratos da sociedade americana por muito tempo.

O engodo semântico fundador é a Declaração da Independência dos Estados Unidos: «Nós tomamos essas verdades como evidentes por si mesmas: todos os homens são criados iguais; eles são dotados pelo Criador de certos direitos inalienáveis, notadamente a vida, a liberdade e a busca da felicidade». Embora a intenção seja louvável e o texto seja bonito, deve-se ter em mente que foi escrito por um proprietário de escravos que ocupou

---

3   *L'Autre société. À la recherche du progrès humain.* Paris: Le Seuil, 2011.

ilegalmente com seu novo «povo» uma terra roubada de seus primeiros ocupantes. Ao redigir o preâmbulo da Declaração da Independência, Jefferson escreveu as primeiras linhas do mito americano, do grande sonho falso atrás do qual milhões correriam, e já descrevia uma realidade que não correspondia em nada àquela que ele ou seus contemporâneos viviam. A Declaração de Independência é a primeira formalização da realidade alternativa. Sua divulgação é a primeira *fake news* americana.

A primeira emenda à Constituição americana protege uma série de liberdades, incluindo a religiosa e a de expressão. Nos Estados Unidos, temos o direito de dizer qualquer coisa e expor toda opinião que quisermos. Pode-se usar suásticas, desejar a morte de alguém em voz alta, até registrá-la por escrito, tudo é permitido. Incitar o ódio racial não é crime. O revisionismo não é um conceito inflamado como na França, onde não é permitido questionar a verdade histórica. Nos Estados Unidos, essa verdade não pertence a ninguém. Consequentemente, cada um tem a sua, e todo mundo pode dizer o que quiser sobre a origem de seu mundo e sobre sua realidade. E o presidente americano, como todas as outras pessoas, tem o direito de dizer qualquer coisa e afirmar que é a verdade. Nenhuma salvaguarda semântico-constitucional o impede. Então, por que não afirmar que o aquecimento global não existe, que carvão é energia limpa ou que nunca se viram multidões tão densas quanto em seus comícios? Não é loucura muito maior do que alegar que Adão e Eva conviveram com dinossauros e estabelecer isso como verdade histórica, ensinada em muitos estabelecimentos de ensino.[4] Se voltarmos à própria gênese da história da política americana, constataremos que o cheque em branco foi instituído pelos Pais Fundadores, hoje objetos de culto nacional.

Existe, no entanto, uma espécie de censura na linguagem nos Estados Unidos, uma única, extraordinariamente significativa e integrada por todos os estratos da sociedade. Talvez seja até o elemento mais consensual da sociedade americana. De fato, se nos Estados Unidos somos livres para dizer ou escrever que os judeus não merecem viver, que os negros são inferiores ou que os mexicanos são estupradores, existe um campo semântico excluído do discurso nacional. O que não temos o direito de mencionar, nos Estados Unidos, é uma herança dessa era puritana dos primeiros dias da nação americana, é o Mal, com M maiúsculo, do qual toda a sociedade deve ser protegida: o sexo.

Os Estados Unidos têm tanto problema com o sexo (pergunte a Woody Allen) que seria preciso um livro inteiro para falar sobre o assunto, o que portanto não farei porque está mais do que na hora de finalizar este aqui. Em

---

4   Em 2014, de acordo com uma pesquisa da Gallup, 42% dos americanos acreditavam que os humanos foram criados por Deus há 10 mil anos. Por outro lado, em muitas escolas americanas, o criacionismo já é ensinado em filosofia, religião ou educação cívica, e alguns estados (o Texas, por exemplo) permitem que professores ensinem uma «alternativa» à evolução nas aulas de ciências.

poucas palavras, porém, a era fundadora americana, na qual as atividades sexuais deviam ser absolutamente controladas pelas autoridades religiosas e depois pelo Estado, na qual o sexo para as mulheres era restrito à função procriadora, e uma prática autorizada, mas que deveria permanecer discreta para os homens, por ser a marca do pecado, deu origem a uma sociedade em que, apesar da revolução sexual e da conquista progressiva, mas nunca alcançada, do controle do próprio corpo pelas mulheres, o estigma do mal permaneceu marcado a ferro e fogo em todas as atividades sexuais que não fazem parte estritamente da estrutura conjugal e reprodutiva.[5]

Mas qual é a relação?, você deve estar se perguntando. Aguente um pouco mais, estou chegando lá. Nos Estados Unidos, em 2019, todas as formas de violência e de guerra são

---

5 Recomendo a (re)leitura de *A letra escarlate*, de Nathaniel Hawthorne, a história de uma jovem da comunidade puritana dos Estados Unidos dos anos 1640, estigmatizada por adultério e condenada a usar um A vermelho no peito. Depois engate a leitura de *O conto da aia*, de Margaret Atwood, romance distópico que descreve uma sociedade americana na qual as mulheres são reduzidas ao seu papel reprodutivo. Em seguida, compare os dois livros (na versão francesa, ambos os títulos contêm a palavra «escarlate», o que não passa de uma coincidência da tradução, já que ela não aparece no original em inglês no livro de Atwood) e observe que, mesmo em quatro séculos, certas coisas não evoluem.

exibíveis na mídia: cinema, televisão, internet. Qualquer um pode comprar armas com facilidade. Por outro lado, o que não é permitido é dizer uma palavra com conotação sexual, como *fuck* ou *vagina*, na televisão. Como medida preventiva. Um pouco como na Bíblia, que erige a violência como valor e o sexo como horror.

Para escrever este livro, assisti a horas e horas de vídeo de Donald Trump, é claro, mas também da televisão americana – reportagens, telejornais. Ao pesquisar a reação de Trump a Charlottesville, me deparei com uma reportagem da CNN. E vi, sem esperar, o carro que cortou a multidão e matou Heather Heyer. Vi os corpos arremessados pelos ares e o veículo partindo novamente na outra direção, em meio a uma multidão ensanguentada e aos gritos.[6]

Seja essa demonstração de violência artística, informativa, útil ou o que for, ela é apenas um exemplo entre os milhões de outros que a mídia americana mostra diariamente e sem cerimônias. Por outro lado, ninguém deixará passar um palavrão com conotação sexual por suas ondas (pequeno lembrete, *fuck*, basicamente, quer dizer apenas «transar»). Essas palavras são substituídas por um pudico «biiiip», a fim de proteger ouvidos sensíveis. Pode parecer

---

6   Esta cena está no final do filme de Spike Lee *Infiltrado na Klan*, que a intercala com as declarações de Trump de que ambos os lados estão errados. É o primeiro filme a ilustrar a que ponto a era Trump marca uma regressão institucionalizada da sociedade americana em suas relações sociais e raciais.

clichê traçar um paralelo entre exposição da violência e negação da sexualidade? Às vezes é nas evidências que se escondem as verdades mais simples. Suprimir impulsos sexuais e deixar o caminho livre para impulsos agressivos, que tipo de comportamento isso pode gerar na escala de uma sociedade inteira?

Sem reinventar a roda freudiana, pode-se afirmar que uma sociedade que nega absolutamente a importância e, por consequência, a banalidade da sexualidade no equilíbrio humano está fadada a quebrar a cara, de um lado ou de outro. Do lado daqueles que a «puritanizam» e se recusam a considerá-la de outra maneira que não seja sob o jugo moral (pelo menos publicamente), os conservadores, que costumam se opor ao aborto, ou do lado daqueles que a sexualizam excessivamente (artistas e obras hiperssexualizadas, por exemplo), numa reação transgressiva a proibições tais quais as que experimentam os adolescentes.

A língua de Trump, essa nova língua americana, não é produto de uma geração espontânea na boca de um bilionário que surgiu do nada. Não podemos reduzi-lo às elucubrações de um homem que gostaríamos de considerar completamente louco, para não sermos obrigados a ouvir o que nos diz. Donald Trump deve ser ouvido, porque ele não é tão estúpido: pela força de seu ego, e apesar de sua incultura crassa, ele conseguiu chegar à função mais poderosa da história da humanidade moderna.

É preciso ouvir Donald Trump porque, pela boca dele, são os Estados Unidos mais violentos e desprezíveis que falam, mas são também, de agora em diante, os mais poderosos. Ele deve ser ouvido porque, no Ocidente, o reino da razão viveu. As grandes decisões de bom grado que se seguiram à catástrofe fundadora do século XX, as alianças entre as grandes nações para não mais permitirem que o que os seres humanos têm de mais feio assuma o controle, os acordos entre intelectuais de bom grado buscando satisfazer a maioria e impulsionar a humanidade, a duras penas, em direção ao melhor, são águas passadas. E porque um país que tem em seu comando um homem cujo superego parece estar completamente perdido, e que o prova a cada vez que abre a boca, só pode inspirar seus elementos mais violentos a se sentirem autorizados a abrir caminho aos seus instintos mais baixos.

Deve-se ouvir Donald Trump, apesar da forte tentação de ceder a uma superioridade moral e intelectual, real ou fantasiosa, que nos leva a recusar entrar em seu jogo e levá-lo a sério. A intelligentsia democrata americana já pagou caro por isso em 8 de novembro de 2016, depois de ter rido baixinho da candidatura dessa estrela de reality show que achava que seria a futura celebridade de Washington.

E por fim deve-se ouvir Donald Trump porque ele é contagioso: no Brasil, na Hungria, na Turquia, na Itália, na Áustria e em outros lugares, a violência das palavras e dos atos se intensifica. Nesses países, que se creem seguros graças às aulas da história, mais e mais cidadãos voltam os ouvidos na direção dos Estados Unidos e ouvem, todos eles, a língua de Trump.

Agradecimentos

Antes de mais nada, gostaria de agradecer a Clotilde Meyer, responsável por este projeto. Ela orientou com entusiasmo, eficiência e boa vontade a redação deste livro.

Agradeço a você, por ler os agradecimentos, mesmo que provavelmente não seja mencionado.

Agradeço a Bonnie e Josh, meus maiores fãs, os mais objetivos de todos.

Obrigada a todos aqueles que me serviram de muleta psicológica durante os meses que levei para escrever este livro: Inga Nop, minha alma gêmea há um quarto de século, que acredita em mim sem jamais falhar, Peggy Sastre, por sua revisão parcial, mas ativa, Anne-Laure Bell, Marie Aarnink, Solène Sellier, pelo apoio musical e moral, mas também Chloé Leleu, companheira de perrengues semânticos, sem esquecer Alexandra Louis e Céline Griffon, a primeira a incitar minha caneta nos bancos da escola durante as intermináveis horas de aula, quando ficávamos tão entediadas.

Por fim, agradeço a Romuald Serive, responsável involuntário pelos gestos que desencadearam minha vida de escritora.

Volumes publicados Biblioteca Âyiné

1. Por que o liberalismo fracassou? **Patrick J. Deneen**
2. Contra o ódio **Carolin Emcke**
3. Reflexões sobre as causas da liberdade e da opressão social **Simone Weil**
4. Onde foram parar os intelectuais? **Enzo Traverso**
5. A língua de Trump **Bérengère Viennot**